耳を鍛えて合格!

HSK 4級 リスニングドリル

李増吉 編

SANSHUSHA

Copyright© 2012 by Beijing Language and Culture University Press
All rights reserved.
Japan copyright© 2015 by Sanshusha Publishing Co., Ltd.
Japanese language edition arranged with Beijing Language
and Culture University Press through Japan UNI Agency, Inc., Tokyo

はじめに

　新HSKとは、中国国家漢語国際推進事務室が中国国内外の中国語教育、言語学、心理学及び教育測定学などの領域の専門家を集め、海外における中国語教育の実情を充分に調査・分析した上で、一般の中国語学習者と中国語専攻学習者、そして中国における中国語学習者および中国外における中国語学習者の差異も考慮し、旧HSKの特長を活かしつつ、近年の国際言語測定試験に関する最新研究成果も取り入れた『国際中国語能力標準』に基づいて作成された国際中国語能力標準化試験です。中国語を母国語としない中国語学習者の生活面、学習面及び仕事面における中国語のコミュニケーション能力を測ることに重点を置いています。

　私たちがこの問題集を作成したのは、本書による学習を通じて、受験者の皆さんが新HSK（4級）試験の聴解部分の問題形式・試験時間及び試験のポイントを理解して、この分野における時間配分や問題のコツなど実際の試験感覚を短期間で養うようにするためです。

　本書の編集にあたり、私たちは中国国家漢語国際推進事務室/孔子学院本部が編纂した新HSK（4級）要項、サンプル問題、単語表をよく検討し、さらにサンプル問題中の単語表にない単語についても統計をとり、試験問題の難易度をより正確に把握して、模擬問題をより実際の問題に近づけました。編集の過程で、私たちは何度も改良を重ね、最良の問題を選び、試験のポイントを明らかにしました。

　本書で使用した問題の多くは新聞や雑誌から抜粋したもので、試験問題の特徴に基づき、修正を加えました。原文作者の方に、心からお礼申し上げます。

編者

原著『跨越新HSK 听力专项训练(四级)』より
＊本書はHSKの試験作成に長年携わってきた北京語言大学出版社の『跨越新HSK 听力专项训练(四级)』の日本語版です。

本書の特徴

●模擬試験を5回分

試験と同じ形式のリスニング部分の模擬試験を5回分収録しています。

●リスニング問題の音声はMP3音声ファイルで収録

付属CD-ROMの音声は、MP3音声ファイルです。

音楽CDではないので、パソコンなどMP3ファイルに対応可能な機器をご利用ください。

なお、ファイルは各部単位で分かれています。

目次

第1回
問題 …………………………………………………… 10
　　第一部　　0101 ……………………………… 10
　　第二部　　0102 ……………………………… 12
　　第三部　　0103 ……………………………… 14
解答とスクリプト ………………………………… 16
　　第一部 ………………………………………… 16
　　第二部 ………………………………………… 22
　　第三部 ………………………………………… 30

第2回
問題 …………………………………………………… 48
　　第一部　　0201 ……………………………… 48
　　第二部　　0202 ……………………………… 50
　　第三部　　0203 ……………………………… 52
解答とスクリプト ………………………………… 54
　　第一部 ………………………………………… 54
　　第二部 ………………………………………… 60
　　第三部 ………………………………………… 68

第3回
問題 …………………………………………………… 86
　　第一部　　0301 ……………………………… 86
　　第二部　　0302 ……………………………… 88
　　第三部　　0303 ……………………………… 90
解答とスクリプト ………………………………… 92
　　第一部 ………………………………………… 92
　　第二部 ………………………………………… 98
　　第三部 ………………………………………… 106

目次

第4回

問題 …………………………………………………… 124
 第一部 🎧 0401 ……………………………… 124
 第二部 🎧 0402 ……………………………… 126
 第三部 🎧 0403 ……………………………… 128
解答とスクリプト …………………………………… 130
 第一部 …………………………………………… 130
 第二部 …………………………………………… 136
 第三部 …………………………………………… 144

第5回

問題 …………………………………………………… 162
 第一部 🎧 0501 ……………………………… 162
 第二部 🎧 0502 ……………………………… 164
 第三部 🎧 0503 ……………………………… 166
解答とスクリプト …………………………………… 168
 第一部 …………………………………………… 168
 第二部 …………………………………………… 174
 第三部 …………………………………………… 182

解答用紙 ……………………………………………… 199

試験概要

HSK4級は、受験生の日常中国語の応用能力を判定するテストです。「幅広い範囲にわたる話題について、中国語でコミュニケーションをすることができ、中国語を母語とする者と流ちょうに話すことができる」ことが求められます。

● **学習目安**

1,200語程度の常用単語と文法知識を習得している者を対象としています。
大学の第二外国語における第二年度後期履修程度の学習が目安とされています。

● **点数と評価**

聞き取り、読解、作文の配点はそれぞれ100点、合計300点で評価されます。
※4級では6割(180点)以上のスコアが合格基準となっています。

● **試験概要**

4級の試験は聞き取り、読解はマークシート方式、作文は記述式の問題となっています。
試験は、説明が中国語および日本語で行われ、聞き取りの放送は全て中国語で行われます。

試験概要

●試験内容

■聞き取り:約30分間(放送回数1回)

パート	形式	問題内容	問題数
第1部分	正誤判断の問題	短文が放送され、その内容と、問題用紙に与えられた短文の内容が一致するかを判断する。	10題
第2部分	会話の内容に関する問題	2人の短い会話とその内容に関する問いが放送される。問いの答えとして正しいものを4つの選択肢の中から選ぶ。	15題
第3部分	会話や短文の内容に関する問題	2人の会話や短文と、その内容に関する1～2つの問いが放送される。問いの答えとして正しいものを4つの選択肢の中から選ぶ。	20題

■読解:40分

パート	形式	問題内容	問題数
第1部分	空所補充問題	文中の空所部分に、4つの選択肢の中から適切な単語を1つ補い、意味の通る文を作る。	10題
第2部分	短文の並べ替え問題	与えられた3つの短文を並べ替えて正しい文を作る。	10題
第3部分	文の内容に関する問題	短文とその内容に関する問いが与えられており、問いの答えとして正しいものを4つの選択肢の中から選ぶ。	20題

■作文:25分

パート	形式	問題内容	問題数
第1部分	語句の並べ替え問題	与えられた複数の語句を並べ替えて正しい中国語文を作る。	10題
第2部分	作文問題	写真と単語が1つずつ与えられ、その単語を使って写真の内容を表現する。	5題

・試験開始の前に、解答用紙に個人情報を記入する時間が5分間与えられます。
・聞き取りの試験終了後に、解答用紙に記入する時間が予備として5分間与えられます。

第1回

（一）听 力

第 一 部 分

第1-10题：判断对错。

例如： 我想去办个信用卡，今天下午你有时间吗? 陪我去一趟银行?
★ 他打算下午去银行。

(✓)

现在我很少看电视，其中一个原因是，广告太多了，不管什么时间，也不管什么节目，只要你打开电视，总能看到那么多的广告，浪费我的时间。
★ 他喜欢看电视广告。

(✗)

1. ★ 他要去杭州旅游。 (   )

2. ★ 他朋友的解释不正确。 (   )

3. ★ 大雨把他的衣服弄湿了。 (   )

4. ★ 他们五点开始锻炼身体。 (   )

5. ★ 他和大家一起看了球赛。 (   )

6. ★ 他在家里学习了一天。 (   )

7. ★ 三个国家的代表参加了会议。 (   )

8. ★ 这里冬天不下雪。 (   )

9. ★ 图书馆上午八点以后可以借书。 (   )

10. ★ 服务员的态度变好了。 (   )

第二部分

第11-25题：请选出正确答案。

例如：女：该加油了，去机场的路上有加油站吗？
　　　男：有，你放心吧。
　　　问：男的主要是什么意思？
　　　　A 去机场　　　B 快到了　　　C 油是满的　　　D 有加油站 ✓

11. A 家　　　　　B 公司　　　　C 医院　　　　D 公园

12. A 早上　　　　B 中午　　　　C 下午　　　　D 晚上

13. A 休息　　　　B 加班　　　　C 出差　　　　D 吃饭

14. A 同事　　　　B 亲戚　　　　C 邻居　　　　D 同学

15. A 去北京　　　B 哪儿都去　　C 还去那儿　　D 由男的决定

16. A 没意思　　　B 节目少　　　C 很精彩　　　D 时间长

17. A 没带钱　　　B 喝酒了　　　C 生病了　　　D 车坏了

18. A 他不正常　　B 他出过国　　C 不该他去　　D 他辞职了

19. A 游泳　　　　B 逛街　　　　C 经历　　　　D 爱好

20. A 夫妻　　　　B 同学　　　　C 师生　　　　D 同事

21. A 饭馆　　　　B 超市　　　　C 厨房　　　　D 菜市场

22. A 幽默　　　　B 没有耐心　　C 知识丰富　　D 不受欢迎

23. A 小刘出事了　B 小刘弄丢了　C 材料没准备好　D 需要男的去取

24. A 她不该到国外　B 应该多打电话　C 日子过得不好　D 非常担心父母

25. A 很便宜　　　B 有些大　　　C 有点儿脏　　D 有地方破了

第三部分

第26-45题：请选出正确答案。

例如：男：把这个文件复印五份，一会儿拿到会议室发给大家。
　　　女：好的。会议是下午三点吗？
　　　男：改了。三点半，推迟了半个小时。
　　　女：好，六零二会议室没变吧？
　　　男：对，没变。
　　　问：会议几点开始？
　　　A 两点　　　　　B 3点　　　　　C 3：30 ✓　　　D 6点

26. A 学习成绩　　　B 教学问题　　　C 数学老师　　　D 考试难度

27. A 医院　　　　　B 饭店　　　　　C 家里　　　　　D 市场

28. A 要照顾妈妈　　B 孩子没人看　　C 身体不舒服　　D 爱人生病了

29. A 夫妻　　　　　B 同学　　　　　C 同事　　　　　D 父女

30. A 桂林　　　　　B 贵州　　　　　C 西安　　　　　D 青岛

31. A 生病了　　　　B 朋友报名了　　C 怕自己唱不好　D 没有时间准备

32. A 雪山上　　　　B 出租车上　　　C 公交车上　　　D 国际会议中心

33. A 6：50　　　　B 7：30　　　　C 8：20　　　　D 8：23

34. A 夫妻　　　　　B 同学　　　　　C 同事　　　　　D 邻居

35. A 男的喜欢小美　　　　　　　　　B 小美不太好看
　　C 女的不认识小美　　　　　　　　D 他们一起吃午饭

36. A 他想休息了　　　　　　　　B 时间很晚了
    C 他不喜欢儿子　　　　　　　D 他被儿子打扰了

37. A 经理跟儿子道歉　　　　　　B 说话人留下吃饭
    C 经理跟说话人道歉　　　　　D 说话人高兴地离开

38. A 无聊　　　B 很流行　　　C 很辛苦　　　D 从不加班

39. A 他不快乐　B 他父亲常出差　C 他是一名记者　D 他不喜欢上学

40. A 她要换学校　B 舞跳得很好　C 在准备考试　D 不喜欢新学校

41. A 父女　　　B 同学　　　C 师生　　　D 邻居

42. A 脾气很好　B 容易害羞　C 经常生病　D 不爱说话

43. A 同情　　　B 支持　　　C 感动　　　D 失望

44. A 银行　　　B 机场　　　C 电视里　　D 电影院

45. A 会下雪　　B 会刮大风　C 以晴天为主　D 气温下降很多

第1回 第一部分　問題 P.10　0101.mp3

放送内容
大家好！欢迎参加HSK（四级）考试。
大家好！欢迎参加HSK（四级）考试。
大家好！欢迎参加HSK（四级）考试。
HSK（四级）听力考试分三部分，共45题。
请大家注意，听力考试现在开始。

和訳
こんにちは。HSK 4級テストへようこそ。
こんにちは。HSK 4級テストへようこそ。
こんにちは。HSK 4級テストへようこそ。
HSK（4級）聴解試験は3部分あり、合計45問です。
ただ今から聴解試験を始めます。注意して聞いてください。

放送内容
第一部分
一共10个题，每题听一次。例如：

和訳
第1部分
合計10問で、各問放送は1回のみです。例えば、

問題用紙
第1-10题：判断对错。

和訳
問1～問10：文が正しいかどうかを判断しなさい。

例　正解 [✓]

問題文　他打算下午去银行。

和　訳　彼は午後、銀行に行くつもりです。

放送内容　我想去办个信用卡，今天下午你有时间吗? 陪我去一趟银行?

和訳　クレジットカードを作りたいのですが、今日の午後時間がありますか？
一緒に銀行に行ってくれませんか？

例 正 解 [✗]

問題文　他喜欢看电视广告。

和　訳　彼はテレビCMを見るのが好きです。

放送内容　现在我很少看电视，其中一个原因是，广告太多了，不管什么时间，也不管什么节目，只要你打开电视，总能看到那么多的广告，浪费我的时间。

和訳　最近私は、あまりテレビを見ません。その理由の1つはCMが多すぎるからです。いつどの番組を見ても、ひとたびテレビのスイッチを入れればたくさんのCMが目に入ってきます。時間の無駄です。

放送内容　**现在开始第1题：**

和訳　ただ今から問1を始めます。

01 正解 [✓]

問題文 他要去杭州旅游。

和　訳 彼は杭州旅行に行く予定です。

> 放送内容 来中国这几年，除了杭州以外，有名的城市我差不多都去过了。这次可以去那里走一走，看一看，我真的很高兴。
>
> 和訳 中国に来てこの数年間、杭州以外の有名な都市はほとんど行ったことがあります。今度はそこへ行けるので本当に楽しみです。

02 正解 [✗]

問題文 他朋友的解释不正确。

和　訳 彼の友人の説明は不正確です。

> 放送内容 听了朋友的解释，我还是不太相信，于是查了一下词典，果然是我把那个词的意思理解错了。
>
> 和訳 友人の説明を聞いても、私はまだ信じられませんでした。そこで辞典で調べたら、やはり私は意味を誤解していたことが分かりました。

03 正解 [✓]

問題文 大雨把他的衣服弄湿了。

和　訳 大雨で彼の衣服はびしょびしょになりました。

> 放送内容 我到天津后，第一次出门就遇上了大雨。那天我又没带伞，衣服、鞋都湿了。不过那时正是夏天最热的时候，我觉得还挺舒服的。
>
> 和訳 私は天津到着後の最初の外出で大雨に遭いました。その日は傘も持っていなかったので、衣服、靴ともに濡れてしまいました。しかし、その時はちょうど夏の一番暑い時期だったので、かえって心地よく感じました。

04 正解 [✗]

問題文　他们五点开始锻炼身体。

和　訳　彼らは5時に体を鍛え始めます。

> 放送内容：我下午两点做作业，三点去爱玲那儿用汉语聊天儿，四点半一起去跑步或者打球。
>
> 和訳：私は午後2時に宿題をして、3時に愛玲のところで中国語でおしゃべりをし、そして4時半に愛玲と一緒にジョギングかボール遊びをすることになっています。

05 正解 [✗]

問題文　他和大家一起看了球赛。

和　訳　彼はみんなと一緒に球技の試合を見ました。

> 放送内容：昨天晚上大家看球赛的声音真大啊，弄得我很长时间都没睡着，真应该起来和他们一起看。
>
> 和訳：昨夜、みんな球技の試合を見て大声を出していたので、私はなかなか寝つけませんでした。こんなことなら彼らと一緒に観戦すればよかった。

06 正解 [✗]

問題文　他在家里学习了一天。

和　訳　彼は家で一日中勉強していました。

> 放送内容：昨天起床后，我先做了两个小时英语题，然后看了一个小时电视，中午睡了半个小时，下午跟妈妈去张阿姨家玩儿了。
>
> 和訳：昨日僕は起きてから、まず2時間英語の勉強をしました。それから1時間テレビを見て、昼ごろ30分眠り、午後はママと一緒に張おばさんの家に遊びに行きました。

07 正 解 [✓]

問題文　三个国家的代表参加了会议。

和　訳　3カ国の代表は会議に参加しました。

> 放送内容　参加这次会议的除了北京的五位代表、天津的三位代表外，还有美国和日本的代表各三位。
>
> 和訳　この会議に参加したのは、北京代表の5名、天津代表の3名以外に、アメリカ・日本代表の各3名でした。

08 正 解 [✗]

問題文　这里冬天不下雪。

和　訳　冬、この地には雪が降りません。

> 放送内容　今年冬天的天气真奇怪，开始时天气特别暖和，都不像是冬天；最近忽然变冷了，温度降到零下十几度，还下了一场大雪，直到昨天才暖和一些。
>
> 和訳　今年の冬の天気は本当におかしい。冬がはじまる時は非常に暖かく、まるで冬ではない感じだったのに、最近は急に寒くなり、温度は零下10数度まで下がり大雪まで降りました。昨日からようやく少し暖かくなったけど。

09 正 解 [✓]

問題文　图书馆上午八点以后可以借书。

和　訳　午前8時以降、図書館では本を借りることができます。

> 放送内容　对不起，图书馆晚上十点以后就不能再借书了，现在已经十点十分了，请您明天上午八点以后再来好吗？
>
> 和訳　申し訳ございません、図書館では夜10時以降、本の貸し出しはできません。今はもう10時10分になりましたので、明日の午前8時以降にまたお越しいただけますでしょうか？

10 正 解 [×]

問題文　服务员的态度变好了。

和　訳　従業員の態度はよくなりました。

放送内容　新食堂的环境比以前好多了，饭菜也多了一些选择，就是服务员的态度还是跟以前一样。

和訳　新しい食堂の環境は以前と比べるとずっとよくなりました。おかずの種類も多くなりましたが、ただ従業員の態度はやはり以前と同じです。

| 第1回 | 第二部分 | 問題 P.12 | 0102.mp3 |

放送内容　第二部分
一共15个题，每题听一次。例如：

和訳　第2部分
合計15問で、各問放送は1回のみです。例えば、

問題用紙　第11-25题：请选出正确答案。

和訳　問11～問25：正しい答えを選んでください。

例　正解 [D]

選択肢　A　去机场　　　　　　　B　快到了
　　　　C　油是满的　　　　　　D　有加油站

和訳　A　空港に行く　　　　　　B　まもなく到着する
　　　　C　ガソリンが満タンだ　　D　ガソリンスタンドがある

放送内容
女：该加油了，去机场的路上有加油站吗？
男：有，你放心吧。
问：男的主要是什么意思？

和訳
女：そろそろ給油しなきゃ。空港に行く途中にガソリンスタンドはある？
男：あるよ、安心して。
問：男性の言葉は主にどういう意味ですか？

放送内容　现在开始第11题：

和訳　ただ今から問11を始めます。

11 正解 [C]

選択肢　A 家　　　　B 公司　　　　C 医院　　　　D 公园
和　訳　A 家　　　　B 会社　　　　C 病院　　　　D 公園

放送内容
男：听说你母亲住院了，现在怎么样了？
女：打了三天针，好多了。医生说下周一再做一个检查，没问题的话就可以出院了。
问：女的的母亲现在在哪儿？

和訳
男：君のお母さん入院したらしいけど、今はどんな感じ？
女：3日間注射をしたら、だいぶよくなったわ。お医者さんは、来週の再検査で問題がなければ退院できる、と言っていたわ。
問：女性の母は今どこにいますか？

12 正解 [D]

選択肢　A 早上　　　B 中午　　　　C 下午　　　　D 晚上
和　訳　A 朝　　　　B 正午　　　　C 午後　　　　D 夜

放送内容
女：咱们该走了，要不就赶不上末班车了。
男：哎呀，都这么晚了！快走吧。
问：这段对话最可能发生在什么时候？

和訳
女：もうそろそろ行かないと、終電に間に合わないわ。
男：あ～、もうこんな時間！　急ごう。
問：この会話はいつ交わされていると思われますか？

13 正解 [A]

選択肢　A 休息　　　B 加班　　　　C 出差　　　　D 吃饭
和　訳　A 休憩　　　B 残業　　　　C 出張　　　　D 食事

放送内容
男：我把你要的书都搬过来了。
女：那你先坐会儿吧，有事我会叫你的。
问：女的让男的干什么？

和訳
男：君が欲しがっている本を全部運んできたよ。
女：じゃ、少し座っていてよ。もし用事があったら呼ぶから。
問：女性は男性に何をさせたのですか？

14 正解 [C]

選択肢　A 同事　　B 亲戚　　C 邻居　　D 同学
和　訳　A 同僚　　B 親戚　　C 近所の人　D クラスメート

放送内容
女：给你介绍一下，这是吴刚，我家就在他家对面。
男：你好。很高兴认识你。
问：女的和吴刚是什么关系？

和訳
女：紹介するわ、こちらは呉剛、彼の家は私の家の向こう側にあるの。
男：こんにちは、お会いできてうれしいです。
問：女性と呉剛はどんな関係ですか？

15 正解 [D]

選択肢　A 去北京　　B 哪儿都去　　C 还去那儿　　D 由男的决定
和　訳　A 北京に行く　B どこでも行く　C そこも行く　D 男性に任せる

放送内容
男：我们去哪儿玩儿啊？
女：北京你最熟悉了，你说去哪儿就去哪儿。
问：女的是什么意思？

和訳
男：僕たちどこに遊びに行こうか？
女：北京はあなたが最もよく知っているところだから、あなたに任せるわ。
問：女性が言っている意味は何ですか？

16 正解 [C]

選択肢　A 没意思　　　　B 节目少
　　　　C 很精彩　　　　D 时间长
和　訳　A つまらない　　B プログラムが少ない
　　　　C 素晴らしい　　D 時間が長い

放送内容
女：昨天晚上的演出怎么样？
男：特别好！演出结束后，观众都站起来长时间鼓掌。
问：昨天的演出怎么样？

和訳
女：昨晩の公演はどうだった？
男：非常によかったよ！　公演終了後、観客は立ち上がって長い間拍手していたよ。
問：昨日の公演はどうだったですか？

17 正解 [B]

選択肢　A 没带钱　　　　　　　　B 喝酒了
　　　　C 生病了　　　　　　　　D 车坏了

和　訳　A お金を持っていないから　B お酒を飲んだから
　　　　C 病気になったから　　　　D 車が壊れたから

放送内容
男：今天我不能开车，否则遇到警察就麻烦了。
女：酒对你就有那么大的吸引力？你呀，就是管不住自己的嘴！
问：男的为什么不能开车？

和訳
男：今日僕は運転できない、もし警察に見つかったら面倒なことになるので。
女：あなたにとってお酒はそんなに魅力的なものなの？　本当に、あなたって人は！
問：男性はどうして運転できないのですか？

18 正解 [C]

選択肢　A 他不正常　　　　　　　B 他出过国
　　　　C 不该他去　　　　　　　D 他辞职了

和　訳　A 彼は普通ではない　　　　B 彼は出国したことがある
　　　　C 彼が行く番ではない　　　D 彼は辞職した

放送内容
女：你听说了吗？刚刚招聘来的那个大学生被安排到国外学习去了。
男：正常的话，怎么会是他？这里面一定有问题。
问：男的是什么意思？

和訳
女：あなた聞いた？　入社したばかりの新卒者の社員が海外留学させてもらうんだって。
男：え？　何で彼なの？　何か裏があるに違いない。
問：男性の言葉の意味は何ですか？

| 19 | 正 解 [D] |

選択肢　A　游泳　　　　　　　　　B　逛街
　　　　C　经历　　　　　　　　　D　爱好

和　訳　A　水泳について　　　　　B　ショッピングについて
　　　　C　経歴について　　　　　D　趣味について

放送内容
男：我非常喜欢游泳，一到游泳馆，我就忘了时间。你呢？
女：我喜欢画画儿，也喜欢骑车到处逛逛。
问：他们在谈论什么？

和訳
男：僕は泳ぐのが大好きで、プールにいると時間を忘れてしまうんだ。君は？
女：私は絵を描くのが好きで、またサイクリングでいろんなところに行くのも好きよ。
問：彼らは何について話していますか？

| 20 | 正 解 [B] |

選択肢　A　夫妻　　　　　　　　　B　同学
　　　　C　师生　　　　　　　　　D　同事

和　訳　A　夫婦　　　　　　　　　B　クラスメート
　　　　C　教師と学生　　　　　　D　同僚

放送内容
女：咱们班的同学还经常一起吃吃饭什么的吗？
男：难啊，你们几个在国外，在国内的也东一个西一个，大家都各忙各的，没时间啊。
问：男的和女的是什么关系？

和訳
女：昔のクラスメートたちは、今でも食事会などをやっているの？
男：うーん、君たちは海外にいるし、国内にいる人もバラバラになり、みんな忙しく時間がないみたい。
問：男性と女性はどういう関係ですか？

21 正解 [A]

選択肢　A　饭馆　　　　　　　　B　超市
　　　　C　厨房　　　　　　　　D　菜市场

和　訳　A　レストラン　　　　　B　スーパーマーケット
　　　　C　台所　　　　　　　　D　市場

放送内容
男：服务员，结账！
女：您好。你们点了八个菜，一共四百二十元。
问：他们最可能在哪儿？

和訳
男：すみません、お勘定を！
女：はい、8つの料理で、合計420元になります。
問：彼らはどこにいると思いますか？

22 正解 [C]

選択肢　A　幽默　　　　　　　　B　没有耐心
　　　　C　知识丰富　　　　　　D　不受欢迎

和　訳　A　ユーモアがある　　　B　忍耐力がない
　　　　C　知識が豊か　　　　　D　人気がない

放送内容
女：新来的老师怎么样？
男：挺好的，懂的挺多的，对我们也很有耐心，我们班同学都很喜欢她。
问：新来的老师怎么样？

和訳
女：新しく来た先生はどう？
男：とてもいいよ。知識も豊かだし。僕たちに対しても嫌な顔をしないから、
　　クラスのみんなは先生のことが大好きさ。
問：新しく来た先生はどうですか？

23 正解 [D]

選択肢　A 小刘出事了　　　　　　　　B 小刘弄丢了
　　　　C 材料没准备好　　　　　　　D 需要男的去取

和　訳　A 劉君が事故に遭ったから　　　B 劉君が資料をなくしたから
　　　　C 資料はまだ準備されていないから　D 男性が取りに行く必要があるから

放送内容
男：这个小刘，我只是让他取份材料，都一个小时了还不回来。
女：我差点儿忘了，刚才他打来电话，说得您自己去才行。
问：材料为什么还没取回来?

和訳
男：劉君ね～、資料だけを取りに行かせたのに、1時間たってもまだ戻ってこない。
女：忘れるところだったわ。さっき彼から電話があって、あなた自身で行かなければならないって。
問：資料はどうしてまだ取って来ていないのですか?

24 正解 [B]

選択肢　A 她不该到国外　　　　　　　B 应该多打电话
　　　　C 日子过得不好　　　　　　　D 非常担心父母

和　訳　A 彼女は海外に行くべきではない　B たびたび電話をするべきだ
　　　　C 生活が苦しい　　　　　　　D 両親のことをとても心配している

放送内容
女：小欣出国后，一直没有和家里联系，她爸妈担心极了。
男：她连电话都不打?这就有点儿说不过去了。
问：男的觉得小欣怎么样?

和訳
女：欣さんは出国後、ずっとご家族と連絡していないので、彼女の両親はとても心配しているわ。
男：彼女が電話さえもしていない？　それはちょっとひどいな。
問：男性は欣さんに対してどう思っていますか？

| 25 | 正解 [D] |

選択肢　A　很便宜　　　　　　　　B　有些大
　　　　C　有点儿脏　　　　　　　D　有地方破了

和　訳　A　安い　　　　　　　　　B　少し大きい
　　　　C　少し汚い　　　　　　　D　破れたところがある

放送内容
男：这件衣服我穿着很合适，就是这儿破了，我还是不买了。
女：不注意看的话是看不见的。便宜点儿卖给你吧，行吗？
问：这件衣服怎么样？

和訳
男：この服は僕にぴったり、でもここが破けているのから、やっぱり買わないことにした。
女：よく見ない限り分かりませんよ。割引しますので、いかかでしょうか？
問：この服はどんな感じですか？

第1回　第三部分　問題 P.14　　0103.mp3

放送内容：第三部分
一共20个题，每题听一次。例如：

和訳：第3部分
合計20問で、各問放送は1回のみです。例えば、

問題用紙：第26-45题：请选出正确答案。

和訳：問26〜問45：正しい答えを選んでください。

例　正解 [C]

選択肢　A 两点　　B 3点　　C 3:30　　D 6点
和　訳　A 2時　　B 3時　　C 3時半　　D 6時

放送内容：
男：把这个文件复印五份，一会儿拿到会议室发给大家。
女：好的。会议是下午三点吗？
男：改了。三点半，推迟了半个小时。
女：好，六零二会议室没变吧？
男：对，没变。
问：会议几点开始？

和訳：
男：この書類を5部コピーして、後で会議室に行って皆さんに配布してください。
女：かしこまりました。会議は午後3時ですか？
男：いいえ、3時半に変更しました。30分遅らせます。
女：分かりました。602会議室で変わりはないですね？
男：はい、変更はないですね。
問：会議は何時に始まりますか？

放送内容：现在开始第26题：

和訳：ただ今から問26を始めます。

26 正解 [A]

選択肢　A　学习成绩　　　　　　　B　教学问题
　　　　C　数学老师　　　　　　　D　考试难度

和　訳　A　勉強の成績について　　B　教育問題について
　　　　C　数学の先生について　　D　試験の難易度について

放送内容
女：你们家明明这次考试考得怎么样?
男：别的还行，就是数学成绩总上不去，这次才考了六十多分。
女：现在他们学的都太难了。你找个老师给他补补课吧。
男：他每周末都去补课，就是没什么效果，真愁人。
问：他们在谈论什么?

和訳
女：おたくの明明ちゃん、今度の試験はどうだった？
男：ほかのはまだいいけど、数学の成績はいつもよくないよ。今度もたった60数点だった。
女：今あの子たちが勉強している内容は難しすぎるわ。先生に補講を頼んでみては。
男：あの子は毎週末に補講を受けているのに、全く効果がないんだよ、本当に困ったよ。
問：彼らは何について話していますか？

27 正解 [C]

選択肢　A　医院　　　　　　　　　B　饭店
　　　　C　家里　　　　　　　　　D　市场

和　訳　A　病院　　　　　　　　　B　レストラン
　　　　C　家の中　　　　　　　　D　市場

放送内容
男：小丽，妈妈走时告诉你什么时候回来了吗?
女：没有，她只是说看完病人，到市场买点儿东西就回来。
男：我都饿了。咱们俩自己试着做一顿，怎么样?
女：行啊，妈妈回来一定会很高兴的。
问：他们最可能在哪儿?

和訳
男：麗ちゃん、ママが出かける時、いつ戻って来るって言っていた？
女：言っていないよ。ただ病院へお見舞いした後、市場で買い物をしてから戻るって。
男：もうお腹ペコペコだよ。僕たち2人で何か作ってみる？
女：OK！ママが戻ったらきっと喜ぶわね。
問：彼らはどこにいると思われますか？

| 28 | 正解 [B] |

選択肢　A　要照顾妈妈　　　　　　B　孩子没人看
　　　　C　身体不舒服　　　　　　D　爱人生病了

和　訳　A　母の面倒を見る必要があるから
　　　　B　子供の面倒を見る人がいないから
　　　　C　体の調子がよくないから
　　　　D　奥さんが病気になったから

放送内容
女：你怎么啦？这么没精神。
男：我妈回老家了，现在孩子没人照顾，我和我爱人又都忙得要死。
女：那就花点儿钱，找个人带一带呗！
男：你不知道，现在合适的人可难找了。
问：男的为什么没精神？

和訳
女：どうしたの？　元気がないけど。
男：母が実家に戻ったんだ、だから今子供の面倒を見る人がいないので、僕と妻は忙しくてしょうがないんだ。
女：それじゃ、お金を出して誰かを雇えば？
男：知らないの？　今の時代、ぴったりの条件に当てはまる人を探すのは難しいんだよ。
問：男性は、どうして元気がないのですか？

| 29 | 正解 [C] |

選択肢　A　夫妻　　　　B　同学　　　　C　同事　　　　D　父女

和　訳　A　夫婦　　　　B　クラスメート　C　同僚　　　　D　親子

放送内容
男：你妈妈刚才来电话，让你回去一趟。
女：说什么事了吗？
男：她忘带钥匙了，进不去屋了。
女：那我真得回去一趟。你帮我跟经理请一个小时假吧。
问：他们是什么关系？

和訳
男：さっき、君のお母さんから電話があって、君に戻るようにだって。
女：どうして？
男：お母さんは鍵を忘れたから、家に入れないんだって。
女：それじゃ戻らなきゃ。マネジャーに1時間休むって言ってくれない？
問：彼らはどういう関係ですか？

| 30 | 正 解 | [D] |

選択肢　A　桂林　　　　　B　贵州　　　　　C　西安　　　　　D　青岛
和　訳　A　桂林　　　　　B　贵州　　　　　C　西安　　　　　D　青岛

放送内容
女：暑假咱们一起去旅游吧。
男：好啊，去哪儿呢? 桂林怎么样?
女：桂林我去年去过了。还是去西安或者青岛吧。
男：青岛不错，可以到海边走走，就去那儿吧。我明天就去买票。
问：他们暑假去哪儿旅游?

和訳
女：夏休み、私たち旅行に行こうよ。
男：いいね、どこがいい？　桂林なんてどう？
女：桂林は去年行ったの。やっぱり西安か青島にしようよ。
男：青島はいいね、海辺でぶらぶらできるし。よし、そこに行こう。明日チケットを買いに行くよ。
問：彼らは夏休みどこに旅行に行きますか？

| 31 | 正 解 | [C] |

選択肢　A　生病了　　　　　　　　　B　朋友报名了
　　　　C　怕自己唱不好　　　　　　D　没有时间准备
和　訳　A　病気になったから　　　　B　友人が申し込んだから
　　　　C　うまく歌えないことを恐れているから　D　準備の時間がないから

放送内容
男：这次歌唱比赛，你报名了吗?
女：没报。我一上台就紧张，嘴都张不开。
男：多参加几次就不紧张了。你唱得那么好，不报多可惜啊。
女：和朋友们在KTV唱唱还行，比赛真的不行。
问：女的为什么不参加歌唱比赛?

和訳
男：今度の歌謡大会に、君は応募した？
女：応募していないわ。ステージに立つとすぐに緊張して口が開かなくなるから。
男：何度も参加すれば緊張なんてしなくなるよ。君は歌うのがとても上手なのに、応募しないなんてもったいないよ。
女：友達とカラオケで歌うのは大丈夫だけど、大会に出るなんて本当にダメ。
問：女性はどうして歌謡大会に参加しないのですか？

32 正解 [B]

選択肢　A 雪山上　　　　　　　B 出租车上
　　　　C 公交车上　　　　　　D 国际会议中心

和　訳　A 雪山　　　　　　　　B タクシーの中
　　　　C バスの中　　　　　　D 国際会議センター内

放送内容
女：去国际会议中心，多长时间能到？
男：如果不堵车的话，差不多半个小时。
女：我九点开会，您能提前五分钟开到那儿吗？
男：下雪了，路不太好走。不过您放心，不会让您迟到的。
问：他们最可能在哪儿？

和訳
女：国際会議センターまで、どのくらいかかります？
男：渋滞に遭わなければ、30分ほどで着きます。
女：9時から開会ですので、その5分前に着くようにしてもらえますか？
男：雪が降っておりますので道が悪いです。でも、ご安心ください。遅れないようにしますので。
問：彼らはどこにいると思われますか？

33 正解 [C]

選択肢　A 6：50　　B 7：30　　C 8：20　　D 8：23

和　訳　A 6：50　　B 7：30　　C 8：20　　D 8：23

放送内容
男：我这儿有两张票，吃完晚饭咱们一起去看电影吧。
女：好啊。我听同事说《将爱情进行到底》不错，咱们看这个怎么样？
男：好啊。六点五十、七点半、八点二十三个时间，你想看哪一场？
女：咱们一会儿吃完饭就得七点多了，还是看最后一场吧。
问：他们想看哪场电影？

和訳
男：僕は2枚の映画チケットを持っているから、夕食を食べた後、一緒に映画を見に行こうよ。
女：いいわ。同僚から聞いたんだけど『Go! 上海ラブストーリー』がいいらしい、私たち、これにしない？
男：いいよ。6時50分、7時半、8時20分の3つのどれがいい？
女：私たちはご飯を食べ終わるのが7時すぎだから、やっぱり最後の時間帯にしようよ。
問：彼らは何時からの上映を見たいですか？

34 正解 [B]

選択肢　A　夫妻　　　　B　同学　　　　C　同事　　　　D　邻居
和　訳　A　夫婦　　　　B　クラスメート　C　同僚　　　　D　近所の人

放送内容
女：你回国怎么也不提说一声，我好去机场接你啊。
男：我知道你们都忙，就没跟任何人说。你现在怎么样？还在咱们学校当老师吗？
女：对，我还是老样子。我挺羡慕你的，咱们班毕业时就你一个人到国外留学。
男：我当时就是不想找工作，可现在留学回来还是得找工作。
问：他们是什么关系？

和訳
女：帰国するならどうして私に一声かけてくれなかったの？　迎えに行きたかったのに。
男：君たちが忙しいのを知っていたから、誰にも言わなかったんだ。君、今はどうしている？　まだ私たちの学校で先生をしているの？
女：ええ。私は相変わらず。あなたがうらやましいわ。私たちのクラスで卒業後あなた一人だけ海外留学したのだから。
男：当時、僕は仕事をしたくなかったんだ。でも今は留学から帰国したので仕事を探さなければならない。
問：彼らはどんな関係ですか？

35 正解 [A]

選択肢　A　男的喜欢小美　　　　B　小美不太好看
　　　　C　女的不认识小美　　　　D　他们一起吃午饭

和　訳　A　男性は美さんが好きだ
　　　　B　美さんはあまりきれいではない
　　　　C　女性は美さんと知り合いではない
　　　　D　彼らは一緒にランチを食べる

放送内容
男：新来的小美真不错，人漂亮，也很活泼，大家有什么困难，她都主动帮忙解决。
女：你不是喜欢上她了吧？要不要我介绍你们认识一下？
男：好啊！今晚我请你们吃饭吧，怎么样？
女：没问题，这事就包在我身上了。
问：根据对话，可以知道什么？

和訳
男：新しく入った美さんはいいね。きれいで明るいし。もし誰か何か困ったことがあったら、彼女は自発的に助けようとするらしいし。
女：あなた、彼女のことが好きなんじゃない？　あなたたちに紹介しようか？
男：いいね！　今晩、僕が君たちにご馳走するよ、どう？
女：分かったわ。このことは私に任せて。
問：この会話から分かることは何ですか？

| 放送内容 | 第36到37题是根据下面一段话：
上周日，我去公司经理家做客。在沙发上坐着聊天儿时，经理五岁的儿子突然跑过来，爬到他爸爸腿上，好像有事要说。经理有点儿不高兴，一边把他抱下来一边说："有什么事就大声说嘛，没事找你妈玩儿去，爸爸这儿有客人！"儿子"哇"地一声哭了，大声地说："是妈妈让我小声告诉你，别留她在家吃饭！" |
|---|---|
| 和訳 | 問36～問37までは以下の話から出題されます。
先週の日曜日、私は社長の家を訪ねました。ソファーに座って雑談をしていた時、社長の5歳のお子さんが急に駆け寄ってきて、社長の太ももに乗り、何か言おうとしていました。社長はいささか不機嫌な様子で、お子さんを下ろしながら「用事があれば大きな声を出しなさい、用事がないならママと遊んでいなさい、パパは今、お客さんといるのだから！」と言いました。すると、お子さんは「ワー」と泣き出し、大声で「ママから食事の前にお客さんを帰らせるように、お父さんに小声で言いなさいと言われたのに！」と言いました。 |

36　正解 [D]

選択肢　A　他想休息了　　　　　　　B　时间很晚了
　　　　C　他不喜欢儿子　　　　　　D　他被儿子打扰了

和　訳　A　休みたかったから　　　　B　時間が遅くなったから
　　　　C　息子のことが好きではないから　D　息子に邪魔されたから

放送内容	经理为什么有点儿不高兴？
和訳	社長はどうして不機嫌なのですか？

37　正解 [C]

選択肢　A　经理跟儿子道歉　　　　B　说话人留下吃饭
　　　　　C　经理跟说话人道歉　　　D　说话人高兴地离开

和訳　A　社長は息子に謝る　　　　B　話し手は残って食事をする
　　　　C　社長は話し手に謝る　　　D　話し手は喜んで離れる

放送内容　根据这段话，可以猜到接下来会发生什么事？

和訳　この話から次に予想される出来事は何ですか？

放送内容 第38到39题是根据下面一段话：
他大学毕业后，先在父亲的公司工作了两年，后来又考上了新闻专业的研究生。毕业后，自己在电视台找了一份记者工作。虽然要经常加班，有时还要到外地出差，挺辛苦的；但是他说自己喜欢这个职业，用一句流行的话说，"累"并快乐着。

和訳 問38～問39までは以下の話から出題されます。
彼は大学卒業後、まず父親の会社で2年間働きました。その後、ジャーナリズム専攻の大学院に合格しました。修了後、自分でテレビ局の記者の仕事を見つけました。通常は残業で、時には遠方まで出張もしなくてはならず、とてもきつそうでした。しかし彼はこの仕事が好きで、今流行りの言葉で「つらい」けど楽しい、と言っていました。

38 正解 [C]

選択肢　A 无聊　　　　　　　B 很流行
　　　　C 很辛苦　　　　　　D 从不加班

和 訳　A つまらない　　　　B 流行っている
　　　　C つらい　　　　　　D 今まで残業したことがない

放送内容 他现在的工作怎么样？

和訳 彼の今の仕事はどうですか？

| 39 | 正　解 [C] |

選択肢　A　他不快乐　　　　　　　　B　他父亲常出差
　　　　C　他是一名记者　　　　　　D　他不喜欢上学

和　訳　A　彼は楽しくない
　　　　B　彼の父はよく出張している
　　　　C　彼は記者である
　　　　D　彼は学校に通うのが好きではない

放送内容　通过这段话，可以知道什么?

和訳　この話から分かることは何ですか？

放送内容	第40到41题是根据下面一段话：
	小丽，我是小飞。告诉你一件事，我爸爸刚刚帮我联系了一个新学校，在那儿我可以学跳舞，我准备下周就过去了。我们是好朋友，在一个班五年了，和你分开我很难过。希望以后我们能常联系。
和訳	問40～問41までは以下の話から出題されます。
	麗ちゃん、飛だよ。伝えたいことがあるの。私のパパが今、今度転校する学校と連絡を取って、そこで私はダンスの勉強をすることになったの。来週にはそこに行くことになるの。私たちは仲のいい友達で、5年間同じクラスだったね。麗ちゃんとお別れは悲しいけど、今後も連絡を取り合っていこうね。

40 正解 [A]

選択肢　A　她要换学校　　　　　　B　舞跳得很好
　　　　C　在准备考试　　　　　　D　不喜欢新学校

和　訳　A　転校する　　　　　　　B　ダンスが上手
　　　　C　試験の準備をしている　D　新しい学校は好きではない

放送内容	关于小飞，可以知道什么？
和訳	飛ちゃんについて、分かることは何ですか？

| 41 | 正 解 [B] |

選択肢　A　父女　　　　　　　　B　同学
　　　　C　师生　　　　　　　　D　邻居

和　訳　A　親子　　　　　　　　B　クラスメート
　　　　C　教師と学生　　　　　D　近所の人

放送内容　小飞和小丽是什么关系?

和訳　飛ちゃんと麗ちゃんはどんな関係ですか？

| 放送内容 | 第42到43题是根据下面一段话：
张红和李明在大学时就谈朋友了，毕业后一年他们就结了婚。大家都以为他们会很幸福，可没想到，原来性格很好的李明现在脾气越来越大，还经常不回家。张红对他非常失望，后悔和他结了婚。

| 和訳 | 問42～問43までは以下の話から出題されます。
張紅と李明は大学時代から付き合っていました。卒業して1年後に彼らは結婚しました。みんな彼らはとても幸せだと思っていました。しかし思ってもいなかったことに、元来性格がよかった李明は気性がだんだんと荒くなってきて、またよく家にも帰らなくなりました。張紅は彼に対して失望しており、彼と結婚したことを後悔しています。

42 正解 [A]

選択肢　A　脾气很好　　　　　　　B　容易害羞
　　　　C　经常生病　　　　　　　D　不爱说话

和　訳　A　性格がよかった　　　　B　恥ずかしがり屋だった
　　　　C　よく病気になっていた　D　無口だった

| 放送内容 | 李明过去怎么样?

| 和訳 | 李明の過去はどうでしたか？

| 43 | 正　解 [**D**] |

選択肢　A　同情　　　　　　　　B　支持
　　　　C　感动　　　　　　　　D　失望

和　訳　A　同情　　　　　　　　B　応援
　　　　C　感動　　　　　　　　D　失望

> 放送内容：对于李明，张红是什么态度？
>
> 和訳：李明に対して、張紅はどんな態度ですか？

| 放送内容 | 第44到45题是根据下面一段话：
观众朋友，晚上好，下面我为大家介绍一下下周的天气情况。受冷空气影响，北方尤其是东北部将出现大风降温天气，晚间最低气温为零下六度。不过，这次冷空气对南方影响较小，天气仍以晴天为主，风力一到二级，气温也没有太大变化。|
|---|---|
| 和訳 | 問44～問45までは以下の話から出題されます。
視聴者の皆さん、こんばんは。続きまして来週の天気状況を解説します。冷気の影響から、北方、特に東北部では風が強く、気温も下がる模様です。夜間の最低温度は零下6度になると予想されます。この冷気は南方への影響は少なく、天気は引き続き晴天の日が多く、風力は1～2級程度で、気温も大きな変化はないと予想されます。|

44　正 解 [C]

選択肢　A　银行　　　　　　　　B　机场
　　　　C　电视里　　　　　　　D　电影院

和　訳　A　銀行　　　　　　　　B　空港
　　　　C　テレビ　　　　　　　D　映画館

放送内容	这段话可能会在哪儿听到？
和訳	この話はどこでされているものですか？

| 45 | 正解 [C] |

選択肢　A　会下雪　　　　　　　　B　会刮大风
　　　　C　以晴天为主　　　　　　D　气温下降很多

和　訳　A　降雪の模様　　　　　　B　風が強い予想
　　　　C　晴天の日が続く　　　　D　気温の低下が激しい

放送内容　下周南方的天气怎么样?

和訳　来週の南方の天気はどうなりますか？

放送内容　听力考试现在结束。

和訳　聴解試験はこれで終了です。

第1回

第2回

（二）听 力

第 一 部 分

第1-10题：判断对错。

例如： 我想去办个信用卡，今天下午你有时间吗? 陪我去一趟银行?
　　　★ 他打算下午去银行。
　　　　　　　　　　　　　　　　　　　　　　　　　（ ✓ ）

现在我很少看电视，其中一个原因是，广告太多了，不管什么时间，也不管什么节目，只要你打开电视，总能看到那么多的广告，浪费我的时间。
★ 他喜欢看电视广告。
　　　　　　　　　　　　　　　　　　　　　　　　　（ ✗ ）

1. ★ 新衣服穿着很合适。　　　　　　　　　　　（　　）
2. ★ 骑自行车不会污染环境。　　　　　　　　　（　　）
3. ★ 安娜的汉语水平达到了HSK五级。　　　　　（　　）
4. ★ 真正需要的东西他才花钱去买。　　　　　　（　　）
5. ★ 旅游结婚不怎么流行。　　　　　　　　　　（　　）
6. ★ 他这个星期比较忙。　　　　　　　　　　　（　　）
7. ★ 他今天上午去了趟书店。　　　　　　　　　（　　）

8. ★ 老李迟到了半个小时。　　　　　　　　　（　　）

9. ★ 他的汉语水平提高得不快。　　　　　　　（　　）

10. ★ 他看的书是从安娜那儿借的。　　　　　　（　　）

第二部分

第11-25题：请选出正确答案。

例如：女：该加油了，去机场的路上有加油站吗？
　　　男：有，你放心吧。
　　　问：男的主要是什么意思？
　　　A 去机场　　　B 快到了　　　C 油是满的　　　D 有加油站 ✓

11. A 上班　　　　B 参加面试　　C 翻译文章　　D 参加英语比赛

12. A 听力　　　　B 口语　　　　C 阅读　　　　D 写文章

13. A 当老师　　　B 当律师　　　C 当翻译　　　D 当记者

14. A 吃惊　　　　B 抱歉　　　　C 幸福　　　　D 失望

15. A 同情　　　　B 反对　　　　C 支持　　　　D 批评

16. A 饭馆　　　　B 同事家　　　C 自己家　　　D 咖啡馆

17. A 上海　　　　B 大连　　　　C 家里　　　　D 哈尔滨

18. A 饺子　　　　B 米饭　　　　C 蛋糕　　　　D 面条

19. A 看球赛　　　B 去学习　　　C 找词典　　　D 找同学

20. A 想逛公园　　B 很想工作　　C 想睡懒觉　　D 心情不好

21. A 不太难　　　　B 特别难　　　　C 很容易　　　　D 不好说

22. A 工作很忙　　　B 学习紧张　　　C 在找工作　　　D 丢了东西

23. A 没有房子　　　B 家里人多　　　C 个子不高　　　D 没有男朋友

24. A 跟女的开玩笑　B 让女的别客气　C 问女的去哪儿　D 问女的说什么

25. A 她丢了工作　　B 公司搬家了　　C 她找了新工作　D 房子租金太贵

第 三 部 分

第26-45题：请选出正确答案。

例如：男：把这个文件复印五份，一会儿拿到会议室发给大家。
女：好的。会议是下午三点吗？
男：改了。三点半，推迟了半个小时。
女：好，六零二会议室没变吧？
男：对，没变。
问：会议几点开始？
A 两点　　　　　B 3点　　　　　C 3∶30 ✓　　　D 6点

26. A 支持　　　　B 怀疑　　　　C 反对　　　　D 批评

27. A 汽车价格　　B 交通情况　　C 价格变化　　D 超市购物

28. A 总结工作　　B 选负责人　　C 作市场调查　D 讨论工作计划

29. A 路上　　　　B 电话里　　　C 汽车上　　　D 停车场

30. A 环境问题　　B 教学问题　　C 安全问题　　D 感情问题

31. A 想买裙子　　B 颜色不好　　C 花钱太多　　D 大小不合适

32. A 邻居　　　　B 师生　　　　C 同事　　　　D 朋友

33. A 没时间参加　B 不一定参加　C 一定会参加　D 不愿意参加

34. A 宝宝不会捡　B 垃圾桶太远　C 应该爱护环境　D 不该让宝宝捡

35. A 两人看法不同 B 孩子数学很好 C 男的想学数学 D 孩子身体不好

52

36. A 幽默　　　　　B 马虎　　　　　C 容易着急　　　D 容易害羞

37. A 做菜很不容易　B 妻子从不做饭　C 第二次菜咸了　D 丈夫经常做饭

38. A 东边　　　　　B 西边　　　　　C 山上　　　　　D 山下

39. A 跑步　　　　　B 散步　　　　　C 爬山　　　　　D 骑自行车

40. A 经常下雨　　　B 常刮北风　　　C 不冷不热　　　D 温度偏高

41. A 下雨时　　　　B 过节时　　　　C 花开时　　　　D 水果成熟时

42. A 借书　　　　　B 还书　　　　　C 复习　　　　　D 复印

43. A 书很多　　　　B 没座位　　　　C 没有人　　　　D 座位多

44. A 老人　　　　　B 病人　　　　　C 小孩儿　　　　D 中年人

45. A 很健康　　　　B 味道不错　　　C 价格不贵　　　D 非常干净

| 第2回 | 第一部分 | 問題 P.48 | 0201.mp3 |

放送内容
大家好! 欢迎参加HSK（四级）考试。
大家好! 欢迎参加HSK（四级）考试。
大家好! 欢迎参加HSK（四级）考试。
HSK（四级）听力考试分三部分，共45题。
请大家注意，听力考试现在开始。

和訳
こんにちは。HSK 4級テストへようこそ。
こんにちは。HSK 4級テストへようこそ。
こんにちは。HSK 4級テストへようこそ。
HSK（4級）聴解試験は3部分あり、合計45問です。
ただ今から聴解試験を始めます。注意して聞いてください。

放送内容
第一部分
一共10个题，每题听一次。例如：

和訳
第1部分
合計10問で、各問放送は1回のみです。例えば、

問題用紙
第1-10题：判断对错。

和訳
問1～問10：文が正しいかどうかを判断しなさい。

例　正解 [✓]

問題文　他打算下午去银行。

和訳　彼は午後、銀行に行くつもりです。

放送内容
我想去办个信用卡，今天下午你有时间吗? 陪我去一趟银行?

和訳
クレジットカードを作りたいのですが、今日の午後時間がありますか？
一緒に銀行に行ってくれませんか？

例 正 解 [**✗**]

問題文　他喜欢看电视广告。

和　訳　彼はテレビCMを見るのが好きです。

放送内容　现在我很少看电视，其中一个原因是，广告太多了，不管什么时间，也不管什么节目，只要你打开电视，总能看到那么多的广告，浪费我的时间。

和訳　最近私は、あまりテレビを見ません。その理由の1つはCMが多すぎるからです。いつどの番組を見ても、ひとたびテレビのスイッチを入れればたくさんのCMが目に入ってきます。時間の無駄です。

放送内容　**现在开始第1题：**

和訳　ただ今から問1を始めます。

01 正解 [✗]

問題文　新衣服穿着很合适。

和　訳　新しい衣服はとてもぴったりです。

> 放送内容　这几件新衣服没有一件能穿的，不是太大了，就是太小了。
>
> 和訳　これらの新しい洋服は1つも着られないよ。大きすぎたり小さすぎたりだからね。

02 正解 [✓]

問題文　骑自行车不会污染环境。

和　訳　自転車に乗ることは環境に優しい。

> 放送内容　自行车价格便宜，使用方便，还可以保护环境，因此一直受到人们的喜爱。
>
> 和訳　自転車は安く、利用に便利で、環境にも優しい。だから昔から人々に好まれています。

03 正解 [✓]

問題文　安娜的汉语水平达到了HSK五级。

和　訳　アンナの中国語レベルはHSK5級に達しました。

> 放送内容　在老师的帮助下，安娜终于通过了HSK五级考试，这为以后专业课的学习打下了很好的语言基础。
>
> 和訳　先生の指導のおかげで、アンナはついにHSK5級に合格しました。これはこれからの専門課程の学習において言語的基礎となります。

| 04 | 正　解 [✓] |

問題文　真正需要的东西他才花钱去买。

和　訳　彼は本当に必要なものしか買いません。

| 放送内容 | 租房子也有租房子的好处，至少能保证原来的生活质量。买了房后，我现在不管买什么东西都得想好半天，到底是不是真正需要买。|
| 和訳 | 家を借りることはそれなりの長所もあります、少なくとも、元来の生活レベルを保つことができるからです。家を購入した後は、何を買うにしても本当に必要なのか否かを長い時間考えなければなりません。|

| 05 | 正　解 [✗] |

問題文　旅游结婚不怎么流行。

和　訳　結婚(式)を兼ねた新婚旅行はそれほど流行していません。

| 放送内容 | 我们俩结婚，没有在饭店请客，而是把钱花在出国旅游上了。我们拍了很多照片，留下了美好的回忆。现在越来越多的年轻人都像我们这样。|
| 和訳 | 私たち二人は結婚した時、ホテルで披露宴をしませんでした。そのお金で結婚(式)を兼ねた海外旅行に行きました。私たちはたくさんの写真を撮ったりして、とても素晴らしい思い出となりました。昨今、私たちと同じようにする若い人がだんだん増えてきました。|

| 06 | 正　解 [✓] |

問題文　他这个星期比较忙。

和　訳　彼は今週かなり忙しい。

| 放送内容 | 妈，下星期我再带上玲玲去看您吧。这星期我得加班，玲玲的学校也组织她们去旅游。|
| 和訳 | お母さん、来週玲玲を連れてお母さんを訪ねるね。今週私は残業しなくてはならないし、玲玲も学校の団体旅行に行くので。|

57

07 正解 [✗]

問題文　他今天上午去了趟书店。

和　訳　彼は今日の午前中に本屋に行ってきました。

> 放送内容　今天没课，我本打算去趟书店，可七点就下起雨来了。我只好在房间里看了一上午电视。
>
> 和訳　今日は授業がないので、本来は本屋に行くつもりでした。しかし7時から雨が降ってきました。仕方なく午前中私は部屋でテレビを見ました。

08 正解 [✗]

問題文　老李迟到了半个小时。

和　訳　**李さんは30分遅れて来ました。**

> 放送内容　老李昨天晚上去听七点半的音乐会，结果因为迟到进不去了。他急了，说："你们规定晚半个小时才不许进，我才晚了十五分钟。"
>
> 和訳　李さんは昨夜7時半にコンサートへ出かけましたが、結局、遅れて来たため入場ができませんでした。彼は焦って「あなた方の規定では30分遅れた場合は入場不可とありますが、私はたった15分遅れただけですよ」と言いました。

09 正解 [✓]

問題文　他的汉语水平提高得不快。

和　訳　彼の中国語の進歩が遅い。

> 放送内容　虽然来到了中国，可是每天他除了在学校说一点儿汉语，平时很少和中国人交谈，所以汉语没什么进步。
>
> 和訳　彼は中国に来たものの、しかし毎日学校で少しの中国語を話す以外は普段中国人との交流は極めて少ないので、中国語レベルがあまり進歩していません。

| 10 | 正　解 [✓] |

問題文　他看的书是从安娜那儿借的。

和　訳　彼が読んでいる本はアンナから借りたものです。

|放送内容| 这本书我马上就看完了，可这是安娜的书，我不能借给你。你要看，还是直接找安娜借吧。

|和訳| 僕はもうすぐこの本を読み終えますよ。でも、これはアンナの本だから、僕から君に貸すことができません。読みたいならばアンナから直接借りるようにしたら。

第2回 第二部分　問題 P.50　0202.mp3

放送内容
第二部分
一共15个题，每题听一次。例如：

和訳
第2部分
合計15問で、各問放送は1回のみです。例えば、

問題用紙
第11-25题：请选出正确答案。

和訳
問11〜問25：正しい答えを選んでください。

例　正 解 [D]

選択肢　A　去机场　　　　　　　B　快到了
　　　　C　油是满的　　　　　　D　有加油站

和　訳　A　空港に行く　　　　　B　まもなく到着する
　　　　C　ガソリンが満タンだ　D　ガソリンスタンドがある

放送内容
女：该加油了，去机场的路上有加油站吗？
男：有，你放心吧。
问：男的主要是什么意思？

和訳
女：そろそろ給油しなきゃ。空港に行く途中にガソリンスタンドはある？
男：あるよ、安心して。
問：男性の言葉は主にどういう意味ですか？

放送内容
现在开始第11题：

和訳
ただ今から問11を始めます。

| 11 | 正 解 [B] |

選択肢　A　上班　　　　B　参加面试　　C　翻译文章　　D　参加英语比赛

和　訳　A　通勤をしている　　　B　面接を受けている
　　　　C　文章を翻訳している　D　英語スピーチコンテストに参加している

放送内容
男：你文章写得不错，英语说得也很流利。如果你愿意，明天就可以来上班了。
女：太感谢了，我一定会努力工作的。
问：女的在做什么？

和訳
男：あなたは文章が上手で、英語も流暢です。あなたさえよければ、明日にでも出社してください。
女：ありがとうございます、一生懸命に働きます。
問：女性は何をしていますか？

| 12 | 正 解 [D] |

選択肢　A　听力　　　　B　口语　　　　C　阅读　　　　D　写文章

和　訳　A　リスニング　　B　スピーキング　C　リーディング　D　ライティング

放送内容
女：你觉得今年这个班的学生汉语水平怎么样？
男：我觉得听说和阅读还可以，文字表达的能力需要提高。
问：这个班的学生哪方面水平较低？

和訳
女：今年このクラスの学生の中国語レベルについてどう思う？
男：リスニング、スピーキング、それにリーディングはまあいいけど、ライティングについてはもう少しレベルアップしないといけないと思う。
問：このクラスの学生はどの部分のレベルが低いですか？

| 13 | 正解 [C] |

選択肢　A　当老师　　　B　当律师　　　C　当翻译　　　D　当记者
和　訳　A　教師になること　　　　　B　弁護士になること
　　　　C　翻訳者になること　　　　D　記者になること

> 放送内容
> 男：毕业回国你打算做什么工作？当老师吗？
> 女：最理想的是当律师，不行的话进公司当个翻译也可以。
> 问：女的对工作的最低要求是什么？
>
> 和訳
> 男：卒業後に帰国してから、君は何の仕事をするつもり？　先生になるの？
> 女：最もいいのは弁護士になること。もしそれがダメなら、会社内の翻訳でもいい。
> 問：女性が思う最低でも就きたい仕事は何ですか？

| 14 | 正解 [A] |

選択肢　A　吃惊　　　　B　抱歉　　　　C　幸福　　　　D　失望
和　訳　A　驚いた　　　B　すまなく思う　C　幸せだ　　　D　失望した

> 放送内容
> 女：你借我的小说我一晚上就看完了。
> 男：真的假的？那本书四百多页呢。
> 问：根据对话，可以知道男的感觉怎么样？
>
> 和訳
> 女：あなたが私に貸してくれた小説、私は一晩で読み終えたわ。
> 男：本当に？　あの本は400ページ以上あるのに。
> 問：この会話から男性が感じていることは何ですか？

15 正解 [D]

選択肢	A 同情	B 反対	C 支持	D 批评
和 訳	A 同情	B 反対	C 支持	D 批判

放送内容
男：你说，现在的鞋质量怎么这么差。我才穿了两天，你看，底儿就掉了。
女：我早说过"便宜没好货"，你不听啊。
问：女的是什么态度？

和訳
男：今の靴の品質はどうしてこんなに悪いのだろうか？ 2日しか履いていないのに、ほら、底が取れているよ。
女：だから言ったでしょ「安かろう悪かろう」って。あなた聞かないんだもの。
問：女性はどんな態度ですか？

16 正解 [C]

選択肢	A 饭馆	B 同事家	C 自己家	D 咖啡馆
和 訳	A レストラン	B 同僚の家	C 自分の家	D 喫茶店

放送内容
女：爸，明天我一个同事结婚，中午不在家吃饭，你和妈别等我了。
男：好，知道了。
问：女的平时在哪儿吃午饭？

和訳
女：お父さん、明日私は同僚の結婚式に行くから、お昼ごはんは家で食べないね。だから、私のこと待たなくていいよ。
男：うん、分かった。
問：女性は通常どこで昼食を取っていますか？

17 正解 [A]

選択肢	A 上海	B 大连	C 家里	D 哈尔滨
和 訳	A 上海	B 大連	C 家の中	D ハルビン

放送内容
男：我刚写了一篇小说，想请你爱人帮我看看。
女：他出差了，去大连开了五天会，回来后才待了半天，又到上海讲课去了。
问：女的的爱人现在在哪儿？

和訳
男：私は小説を書き終えたばかりなので、お宅のご主人に見てもらいたいのです。
女：彼は出張中です。大連で5日間の会議の後に戻ってきましたが、半日しかいなくて、その後また上海へ講義しに行きました。
問：女性の夫は現在どこにいますか？

18 正 解 [D]

選択肢　A 饺子　　　B 米饭　　　C 蛋糕　　　D 面条
和　訳　A 餃子　　　B 白米　　　C ケーキ　　D 麺

放送内容
女：你午饭吃的什么呀？
男：今天冬至，我本来打算吃饺子的，可是饺子馆里的人太多了，最后只好改吃牛肉面了。
问：男的午饭吃的什么？

和訳
女：あなた、お昼何を食べた？
男：今日は冬至だから、本来ならば餃子を食べるつもりだった。でも餃子専門店は人が多すぎるので、結局は牛肉麺を食べるしかなかったよ。
問：男性はお昼に何を食べましたか？

19 正 解 [C]

選択肢　A 看球赛　　　　　　　　B 去学习
　　　　C 找词典　　　　　　　　D 找同学
和　訳　A 球技の試合を見るため　　B 勉強するため
　　　　C 辞書を探すため　　　　　D クラスメートに会うため

放送内容
男：安妮，昨晚看完球赛我去找你，你不在。
女：我去图书馆了。下午学习时，我把词典忘在那儿了。
问：昨晚安妮为什么去图书馆？

和訳
男：アニー、昨晩球技試合を見た後、君に会いに行ったけど、いなかったね。
女：私は図書館に行っていたのよ。午後勉強している時、そこに辞書を忘れたので。
問：昨晩アニーはどうして図書館に行ったのですか？

| 20 | 正　解 [D] |

選択肢　A　想逛公园　　　　　　　B　很想工作
　　　　C　想睡懒觉　　　　　　　D　心情不好

和　訳　A　公園をぶらつきたい　　B　仕事をしたい
　　　　C　寝坊したい　　　　　　D　機嫌が悪い

放送内容
女：马明，今天天气这么好，怎么不出去逛逛啊?
男：有什么可逛的呀？没意思。最近觉得干什么都没意思！
问：马明最近怎么了？

和訳
女：馬明、今日の天気はこんなにいいのに、どうして外に行かないの？
男：外に行く？　つまらないよ。最近何やってもどれもつまらないよ！
問：馬明は最近どうしましたか？

| 21 | 正　解 [A] |

選択肢　A　不太难　　　　　　　　B　特别难
　　　　C　很容易　　　　　　　　D　不好说

和　訳　A　それほど難しくない　　B　とても難しい
　　　　C　簡単　　　　　　　　　D　なんとも言えない

放送内容
男：听说你学过法语，你觉得难吗？
女：还行吧，学过英语，再学法语会觉得容易一些。
问：女的感觉学法语怎么样？

和訳
男：君はフランス語を勉強していたらしいね。フランス語は難しい？
女：まあまあね。英語を勉強したことがあるなら、フランス語は少し簡単に思うよ。
問：女性がフランス語を勉強する感覚はどういったものですか？

22 正解 [C]

選択肢　A　工作很忙　　　　　　　B　学习紧张
　　　　C　在找工作　　　　　　　D　丢了东西

和　訳　A　仕事が忙しい　　　　　B　勉強で忙しい
　　　　C　仕事を探している　　　D　物をなくした

放送内容
女：小王，最近忙什么呢？
男：忙着找工作。现在工作不好找呀！
问：关于小王，可以知道什么？

和訳
女：王君、最近何で忙しいの？
男：仕事探しで忙しいんだ。今仕事はなかなか見つからないよ！
問：王君について、分かることは何ですか？

23 正解 [D]

選択肢　A　没有房子　　　　　　　B　家里人多
　　　　C　个子不高　　　　　　　D　没有男朋友

和　訳　A　家がない　　　　　　　B　家族が多い
　　　　C　背が低い　　　　　　　D　ボーイフレンドがいない

放送内容
男：你的要求也太高了，个子太矮不行，没房子不行，家里人多也不行，以后谁还敢给你介绍男朋友啊？
女：这你可误会我了。这次我对他是没意见，是他没看上我呀！
问：关于女的，可以知道什么？

和訳
男：君の要求は高すぎだよ。背が低いのはダメ、自分の家がないのはダメ、家族が多いのはダメ、それじゃ、今後誰が君にボーイフレンドを紹介するの？
女：あなた、私のことを誤解しているわ。今回私は彼に対して何の不満もないよ。彼が私のことを気に入ってないの！
問：女性について、分かることは何ですか？

| 24 | 正 解 [B] |

選択肢　A　跟女的开玩笑　　　　　　B　让女的别客气
　　　　C　问女的去哪儿　　　　　　D　问女的说什么

和　訳　A　女性に冗談を言った　　　　B　女性に気にしないで、と言った
　　　　C　女性にどこに行く、と言った　D　女性に何を言った、と尋ねた

放送内容
女：今天你可帮了我大忙了，真不知道怎么感谢你才好!
男：看你说到哪儿去了!
问：男的是什么意思?

和訳
女：今日は本当に助かりました。何とお礼をいっていいのか分からないくらいです!
男：遠慮しないで!
問：男性の言葉の意味は何ですか?

| 25 | 正 解 [C] |

選択肢　A　她丢了工作　　　　　　　B　公司搬家了
　　　　C　她找了新工作　　　　　　D　房子租金太贵

和　訳　A　仕事をなくしたから　　　　B　会社が引っ越ししたから
　　　　C　新しい仕事を見つけたから　D　家賃が高すぎたから

放送内容
男：小丽，听说你搬家了，是吗?
女：是呀，我换工作了，原来住的地方离新公司太远。现在的房子虽然贵，但上班只要半个小时。
问：小丽为什么搬家?

和訳
男：麗さん、引っ越したようだけど、そうなの？
女：ええ。転職して以前住んでいたところから新しい会社は遠すぎるからね。今の家は家賃が高いけど、通勤に30分しかかからないのよ。
問：麗さんはどうして引っ越したのですか？

| 第2回 | 第三部分 | 問題 P.52 | 0203.mp3 |

放送内容 第三部分
一共20个题，每题听一次。例如：

和訳 第3部分
合計20問で、各問放送は1回のみです。例えば、

問題用紙 第26-45题：请选出正确答案。

和訳 問26～問45：正しい答えを選んでください。

例　正解 [C]

選択肢　A 两点　　　B 3点　　　C 3：30　　　D 6点

和訳　　A 2時　　　B 3時　　　C 3時半　　　D 6時

放送内容
男：把这个文件复印五份，一会儿拿到会议室发给大家。
女：好的。会议是下午三点吗？
男：改了。三点半，推迟了半个小时。
女：好，六零二会议室没变吧？
男：对，没变。
问：会议几点开始？

和訳
男：この書類を5部コピーして、後で会議室に行って皆さんに配布してください。
女：かしこまりました。会議は午後3時ですか？
男：いいえ、3時半に変更しました。30分遅らせます。
女：分かりました。602会議室で変わりはないですね？
男：はい、変更はないです。
問：会議は何時に始まりますか？

放送内容 现在开始第26题：

和訳 ただ今から問26を始めます。

26 正解 [C]

選択肢　A　支持　　　　　　　　　B　怀疑
　　　　C　反対　　　　　　　　　D　批评

和　訳　A　支持　　　　　　　　　B　懐疑
　　　　C　反対　　　　　　　　　D　批判

放送内容
女：这家饭店不错吧？看这环境，不吃饭在这里坐坐也挺好的。
男：真的不错。我还是第一次在这么好的饭店吃饭呢。
女：以后咱们每周都来这儿吃一顿，怎么样？
男：咱哪吃得起呀！还是省钱买房吧。
问：男的对每周到饭店吃一顿是什么态度？

和訳
女：このレストランいいでしょう？　見て、この環境、食事しなくても、ただ座っているだけでもいいよね。
男：本当にいいね。こんないいレストランで食事するのは初めてだ。
女：これから私たち毎週1回ここに来て食事しようよ？
男：そんなことできないよ！　それよりも節約して家を買おうよ。
問：男性は毎週1回このレストランで食事するということを聞いて、どういう態度になりましたか？

27 正解 [C]

選択肢　A　汽车价格　　　　　　　B　交通情况
　　　　C　价格变化　　　　　　　D　超市购物

和　訳　A　車の価格　　　　　　　B　交通状況
　　　　C　価格変動　　　　　　　D　スーパーでの買い物

放送内容
男：油又贵了，现在车真开不起了。
女：可不是嘛，再这样下去，我只能改坐公共汽车上班了。
男：不光是油比以前贵，别的东西也一样，去一趟超市没买几样东西就得一百多块。
女：只好努力多赚钱了！
问：他们在谈论什么？

和訳
男：ガソリンがまた高くなった、今は本当に車を運転できないよ。
女：確かにね。これ以上になったら、私はバス通勤に変えるしかないよ。
男：ガソリンだけではなく、それ以外のほかのものも同じように以前より高くなったし、スーパーに行けば、ちょっとしたものしか買っていないのに、すぐ100元以上かかってしまうからね。
女：頑張ってたくさんお金を稼ぐしかないね。
問：彼らは何について話していますか？

28 正解 [D]

選択肢　A　总结工作　　　　　　B　选负责人
　　　　C　作市场调查　　　　　D　讨论工作计划
和　訳　A　仕事の総括　　　　　B　責任者の選出
　　　　C　市場調査の実施　　　D　事業計画の討論

放送内容
女：小张，开会的事你去通知各分公司的负责人吧。
男：好的。时间是明天上午九点，地点是二楼会议室，对吧?
女：没错。关键是要告诉他们作好下个月的工作计划，会上大家讨论。
男：没问题，您放心吧!
问：这次会议的主要内容是什么?

和訳
女：張さん、会議の事について各支社の責任者へ連絡してください。
男：かしこまりました。時間は明日午前9時、場所は2階会議室、でよろしいですね?
女：はい、その通りです。その際、来月の事業計画を作成し、会議で討論することを必ず伝えてください。
男：分かりました。ご安心ください!
問：この会議の主な内容は何ですか?

29 正解 [A]

選択肢　A　路上　　　　B　电话里　　　C　汽车上　　　D　停车场
和　訳　A　路上　　　　B　電話で　　　C　車内　　　　D　駐車場

放送内容
男：你这孩子怎么骑车的? 差点儿撞着我。
女：对不起，对不起。
男：车别骑那么快，多危险啊!
女：好，我一定注意!
问：他们最可能在哪儿?

和訳
男：君はどういう乗り方をしているのだ? もう少しでぶつかるところだったじゃないか。
女：すみません、すみません。
男：そんなにスピードを出しては、危険すぎるよ!
女：はい、これから注意します!
問：彼らはどこにいると思われますか?

30 正解 [A]

選択肢　A　环境问题　　B　教学问题　　C　安全问题　　D　感情问题

和　訳　A　環境問題　　B　教育問題　　C　安全問題　　D　感情問題

放送内容
女：校长,有件事情我得向您反映一下。
男：什么事,请讲。
女：这几天,二号楼后面的垃圾没人打扫,教室里的空气很不好,不少学生都出现了头疼的情况。
男：好。我马上解决这个问题。
问：女的向校长反映的是什么问题？

和訳
女：校長先生、お伝えすべきことがございます。
男：何事ですか？　話してください。
女：この数日、2号棟後ろのゴミは誰も片づけておりません。そのため教室内の空気が悪く、多くの生徒に頭痛の症状が出ております。
男：分かりました。すぐにこの問題を解決します。
問：女性が校長先生に伝えたのはどういった問題ですか？

31 正解 [C]

選択肢　A　想买裙子　　　　　　　B　颜色不好
　　　　C　花钱太多　　　　　　　D　大小不合适

和　訳　A　スカートを買いたいから　　B　色が悪いから
　　　　C　お金が掛かりすぎるから　　D　サイズが合っていないから

放送内容
男：这件西服不错,我穿上一定很合适。
女：你已经有好几件西服了,别总是看见就想买。
男：我的西服哪有你的裙子多呀？
女：我一条裙子才多少钱？你一件西服得多少钱啊？
问：女的为什么不同意男的买西服？

和訳
男：このスーツはいいね。僕にぴったりに違いない。
女：あなた既に何着もスーツがあるじゃない、気になったらいつも買おうと思わないでよ。
男：僕のスーツは君のスカートほど多くないでしょう？
女：私のスカートは1着いくら？　あなたのスーツは1着でもいくらかかる？
問：女性はどうして男性がスーツを買うのに同意していないのですか？

32 正解 [B]

選択肢　A 邻居　　　　B 师生　　　　C 同事　　　　D 朋友
和　訳　A 近所の人　　B 先生と学生　C 同僚　　　　D 友人

放送内容
女：你觉得张宁这些日子有什么变化吗?
男：以前我的数学课他从不迟到，可最近两周他几乎天天迟到。
女：是啊，英语课也是这样。
男：我得找时间和他谈谈，看看是怎么回事。
问：对话的两个人和张宁是什么关系?

和訳
女：張寧は最近何か変わったと思わないですか？
男：以前は、私の数学の授業に遅刻なんてしたことがなかったのに、最近の2週間はほとんど毎日遅刻しているのです。
女：そうですね。英語の授業でも同様です。
男：どういうことなのか、時間を取って彼と話してみる必要がありそうですね。
問：この会話の二人と張寧はどういう関係ですか？

33 正解 [C]

選択肢　A 没时间参加　　　　　B 不一定参加
　　　　C 一定会参加　　　　　D 不愿意参加
和　訳　A 参加する時間がない　B 参加するとは限らない
　　　　C 必ず参加する　　　　D 参加したくない

放送内容
男：王丽，这个月十六号我结婚，你一定要来参加啊!
女：恭喜恭喜啊! 对了，十六号是星期几呀?
男：星期六。到时候我找个人开车去接你。
女：不用不用，你告诉我地址就行，我肯定去。
问：女的是什么意思?

和訳
男：王麗，僕は今月16日に結婚するので、必ず参加してね！
女：おめでとう！　そうだ！　16日は何曜日だっけ？
男：土曜日。その時、誰か車で君を迎えに行かせるよ。
女：その必要ないわ。場所だけ教えてくれればいいよ、私は必ず行くから。
問：女性の言葉の意味は何ですか？

34 正解 [D]

選択肢　A　宝宝不会捡　　　　　　B　垃圾桶太远
　　　　C　应该爱护环境　　　　　D　不该让宝宝捡

和　訳　A　子供は拾えない
　　　　B　ゴミ箱は遠すぎる
　　　　C　環境の重要性を身につけるべきだ
　　　　D　子供に拾わせるべきではない

放送内容
女：宝宝，把垃圾捡起来扔到垃圾桶里，好吗?
男：你离垃圾桶那么近，怎么让孩子捡?
女：要让孩子从小就知道爱护环境。
男：我看是你太懒!
问：男的是什么意思?

和訳
女：坊や、ゴミは拾ってゴミ箱に捨てるの、分かった?
男：君はゴミ箱からそんなに近いところにいるのに、どうして子供に拾わせるのか?
女：子供の時から環境の重要性を身につけさせるためよ。
男：君こそ怠けすぎると思うけど!
問：男性の言葉の意味は何ですか?

35 正解 [A]

選択肢　A　两人看法不同　　　　　B　孩子数学很好
　　　　C　男的想学数学　　　　　D　孩子身体不好

和　訳　A　二人の考え方は異なる　B　子供は数学が得意
　　　　C　男性は数学を学びたい　D　子供の体はよくない

放送内容
男：小明这次考试数学只考了五十三分，真急死我了!
女：你怎么把孩子的成绩看得那么重!
男：上学嘛，学习当然是第一位的。
女：孩子的身心健康才是最重要的!
问：根据对话，可以知道什么?

和訳
男：今回の明ちゃんの数学テストはたった53点だった、困ったよ!
女：あなた、どうして子供の成績をそんなに重視しているの?
男：それが子供の仕事だからだよ、当然、勉強が最重要視されるのだ。
女：子供の心身の健康こそが最も大事なことよ!
問：この会話から分かることは何ですか?

| 放送内容 | 第36到37题是根据下面一段话：
丈夫偶尔做了一次菜，把盐放少了。两天后，他又做了一次，又把盐放多了。妻子吃了一口，说："你怎么回事，这盐放得不是多了就是少了。"丈夫说："这次是把上次少放的盐给加上了。" |
|---|---|
| 和訳 | 問36～問37までは以下の話から出題されます。
ある日、夫は料理をしたのですが塩が少なすぎました。2日後、彼はまた料理をしたのですが今度は塩が多すぎました。妻は一口食べた後「あなた、どうしていつも塩加減が適量にできないの？」と言いました。夫は「今回は、前回足りなかった塩を足しただけだ」と言いました。 |

36 正解 [A]

選択肢　A　幽默　　　　　　　　　　B　马虎
　　　　C　容易着急　　　　　　　　D　容易害羞

和　訳　A　ユーモアがある　　　　　B　いいかげんである
　　　　C　あせりやすい　　　　　　D　恥ずかしがり屋

放送内容	丈夫的性格怎么样？
和訳	夫はどういった性格ですか？

| 37 | 正 解 [C] |

選択肢　A　做菜很不容易　　　　　B　妻子从不做饭
　　　　C　第二次菜咸了　　　　　D　丈夫经常做饭

和　訳　A　料理をするのは難しい　　B　妻は料理をしたことがない
　　　　C　2回目の料理は塩辛かった　D　夫はよく料理をする

放送内容 根据这段话，可以知道什么？

和訳 この話から分かることは何ですか？

放送内容	第38到39题是根据下面一段话：学校西边有一个公园，我常和同学们骑自行车到公园里玩儿。那里有树有花，有山有水，风景非常美。每天都有很多人来公园散步。我和同学们最喜欢做的事就是比赛爬山，看谁爬得最快，每次都是我赢。
和訳	問38〜問39までは以下の話から出題されます。学校の西側に公園があり、私とクラスメートはよく自転車に乗って公園内で遊びます。そこは木々、花、山、水があり、とても美しい風景です。毎日多くの人が園内で散歩しています。私とクラスメートが最も好きなことは山登り競争です。それは誰が最も早く登れるかを争うもので、毎回私が勝ちます。

38 正解 [**A**]

選択肢　A 东边　　　　　　　B 西边
　　　　C 山上　　　　　　　D 山下

和　訳　A 東　　　　　　　　B 西
　　　　C 山の上　　　　　　D 山の下

放送内容	学校在公园的什么地方？
和訳	学校は公園からどの方向に位置していますか？

| 39 | 正　解 [C] |

選択肢　A　跑步　　　　　　　　B　散步
　　　　C　爬山　　　　　　　　D　骑自行车

和　訳　A　ジョギング　　　　　B　散歩
　　　　C　山登り　　　　　　　D　サイクリング

放送内容　说话人喜欢做什么?

和訳　話し手が好きなことは何ですか?

> 放送内容 第40到41题是根据下面一段话：
> 秋天是北京一年中最好的季节。天气不冷也不热，不常下雨也很少刮风。大街上到处是鲜花，空气中也好像有水果的香味。秋天的节日也比较多，像中秋节、重阳节，每到过节时北京都会被装扮得更加美丽。
>
> 和訳 問40～問41までは以下の話から出題されます。
> 秋は北京で最もいい季節です。天候は暑くもなく寒くもなく、雨風も少ない。街ではいたるところに生花があり、空気中にもまるで果物のいい香りが漂っているようです。秋は中秋節、重陽節などの祭日もかなり多いので、その祭日になるたびに、北京の街はさまざまな飾りでもっときれいになります。

40　正解 [C]

選択肢　A　经常下雨　　　　　　B　常刮北风
　　　　C　不冷不热　　　　　　D　温度偏高

和　訳　A　よく雨が降る　　　　B　常に北風が吹く
　　　　C　暑くもなく寒くもない　D　気温が少し高い

> 放送内容 北京秋天的天气怎么样?
>
> 和訳 北京の秋の天候はどうですか？

| 41 | 正　解 [B] |

選択肢　A　下雨时　　　　　　　　B　过节时
　　　　C　花开时　　　　　　　　D　水果成熟时

和　訳　A　雨が降る時　　　　　　B　祭日の時
　　　　C　花が咲く時　　　　　　D　果物が実った時

放送内容　北京秋天什么时候最美?

和訳　北京の秋はいつが最もきれいですか？

| 放送内容 | 第42到43題是根據下面一段話：
下星期就要考試了，吃完午飯我打算去圖書館好好復習復習。到那兒一看，所有的座位都已經有人了。一個中國同學告訴我說："要想在這兒看書，得早點兒來。" |
|---|---|
| 和訳 | 問42～問43までは以下の話から出題されます。
来週はいよいよテストです。昼食を取ってから、私は図書館に行ってしっかり復習するつもりでした。そこに行ってみたら、既に人が多く空席がありませんでした。ある中国人学生から「ここで勉強するつもりなら、もっと早く来なきゃいけないよ」と言われました。 |

42 正解 [C]

選択肢　A 借书　　　　　　　　B 还书
　　　　C 复习　　　　　　　　D 复印

和　訳　A 本を借りる　　　　　B 本を返す
　　　　C 復習する　　　　　　D コピーする

放送内容	说话人去图书馆做什么？
和訳	話し手は図書館に行って何をするつもりでしたか？

43 正解 [B]

選択肢　A　书很多　　　　　　B　没座位
　　　　C　没有人　　　　　　D　座位多

和　訳　A　本がたくさん　　　B　空席がない
　　　　C　人がいない　　　　D　座席が多い

放送内容: 说话人在图书馆发现什么？

和訳: 話し手は図書館で何に気付きましたか？

> 放送内容　第44到45题是根据下面一段话：
> 麦当劳、肯德基进入中国后非常受欢迎，特别是受到年轻人和孩子们的喜爱。尽管很多人都知道，这些东西吃多了不健康，但还是有很多人去吃。因为它不太贵，而且能节约时间。
>
> 和訳　問44～問45までは以下の話から出題されます。
> マクドナルド、ケンタッキーは中国に進出してからとても人気があり、特に若者や子供たちには好まれています。多くの人は、これらを食べ過ぎると健康によくないと知りながら、しかしそれでも多くの人は行って食べるのです。それは価格があまり高くなく、また時間も節約できるからです。

44　正　解 [C]

選択肢　A　老人　　　　　　　　B　病人
　　　　C　小孩儿　　　　　　　D　中年人

和　訳　A　お年寄り　　　　　　B　病人
　　　　C　子供　　　　　　　　D　中年の方

> 放送内容　哪些人比较喜欢麦当劳和肯德基？
>
> 和訳　どのような人がマクドナルドとケンタッキーが好きなのですか？

| 45 | 正 解 [C] |

選択肢　A　很健康　　　　　　　B　味道不错
　　　　C　价格不贵　　　　　　D　非常干净

和　訳　A　健康的　　　　　　　B　味がいい
　　　　C　値段が高くない　　　D　とても清潔

放送内容：根据这段话，麦当劳和肯德基的食品有什么特点?

和訳：この話から、マクドナルドとケンタッキーの食品はどういった特徴がありますか？

放送内容：听力考试现在结束。

和訳：聴解試験はこれで終了です。

第2回

第3回

（三）听 力

第 一 部 分

第1-10题：判断对错。

例如： 我想去办个信用卡，今天下午你有时间吗？陪我去一趟银行？
★ 他打算下午去银行。

(✓)

现在我很少看电视，其中一个原因是，广告太多了，不管什么时间，也不管什么节目，只要你打开电视，总能看到那么多的广告，浪费我的时间。
★ 他喜欢看电视广告。

(×)

1. ★ 他们在听课。 ( )

2. ★ 张师傅从来没得过大病。 ( )

3. ★ 小王没有留在北京工作。 ( )

4. ★ 现在汽车票十五元了。 ( )

5. ★ 明天家里来客人。 ( )

6. ★ 他喜欢吃方便食品。 ( )

7. ★ 小李没有参加英语考试。 ( )

8. ★ 准备考试对小欣来说很轻松。　　　　　　　（　　）

9. ★ 大雪后车应该开得慢一些。　　　　　　　　（　　）

10. ★ 香辣蟹是天津的名菜。　　　　　　　　　　（　　）

第二部分

第11-25题：请选出正确答案。

例如：女：该加油了，去机场的路上有加油站吗？
　　　男：有，你放心吧。
　　　问：男的主要是什么意思？
　　　　A 去机场　　　B 快到了　　　C 油是满的　　　D 有加油站 ✓

11. A 教室里　　　B 汽车里　　　C 饭馆里　　　D 医院里

12. A 女的说得不对　B 女的不该说话　C 同意女的的话　D 赵明就是明星

13. A 对画展没兴趣　B 不喜欢看花儿　C 明天没有时间　D 画儿确实好看

14. A 10：10　　　B 9：50　　　C 10：00　　　D 10：50

15. A 游泳　　　B 旅行　　　C 读书　　　D 爬山

16. A 今天做不完　B 数学题太难　C 数学老师不好　D 作业共三道题

17. A 同事　　　B 师生　　　C 同学　　　D 亲戚

18. A 不想去　　　B 一定去　　　C 换个时间去　　　D 现在定不下来

19. A 学校　　　B 书店　　　C 饭店　　　D 电影院

20. A 十五岁　　　B 二十岁　　　C 二十五岁　　　D 三十五岁

21. A 乘客　　　　　B 警察　　　　　C 司机　　　　　D 路人

22. A 不想换饭店　　B 这家饭店不好　C 想去别的饭店　D 第一次来这里

23. A 不错　　　　　B 便宜　　　　　C 买不到　　　　D 没有用

24. A 还没结婚　　　B 年纪很大了　　C 在小学工作　　D 已经有孩子了

25. A 女的去过南方　B 女的家在南方　C 男的家在南方　D 女的是中国人

第 三 部 分

第26-45题：请选出正确答案。

例如：男：把这个文件复印五份，一会儿拿到会议室发给大家。
　　　女：好的。会议是下午三点吗？
　　　男：改了。三点半，推迟了半个小时。
　　　女：好，六零二会议室没变吧？
　　　男：对，没变。
　　　问：会议几点开始？
　　　A 两点　　　　B 3点　　　　C 3：30 ✓　　　D 6点

26. A 家里　　　　B 汽车上　　　C 病房里　　　D 办公室里

27. A 做菜　　　　B 看电影　　　C 换衣服　　　D 打扫厨房

28. A 购物　　　　B 买房　　　　C 工资　　　　D 旅游

29. A 上海　　　　B 广州　　　　C 深圳　　　　D 北京

30. A 邻居　　　　B 同学　　　　C 老师　　　　D 妈妈

31. A 银行　　　　B 家里　　　　C 火车站　　　D 汽车上

32. A 300元　　　B 400元　　　C 500元　　　D 700元

33. A 妈妈来了　　B 爸爸病了　　C 路上堵车　　D 她头很疼

34. A 山太高　　　B 怕花钱　　　C 不放心　　　D 人太多

35. A 青岛　　　　B 西安　　　　C 杭州　　　　D 昆明

36. A 可以休息　　　B 想去逛街　　　C 卖的东西多　　　D 可以去旅游
37. A 星期一　　　　B 星期三　　　　C 星期四　　　　　D 星期六
38. A 很有意思　　　B 东西便宜　　　C 服务较差　　　　D 可选择的不多
39. A 批评　　　　　B 肯定　　　　　C 怀疑　　　　　　D 反对
40. A 海南　　　　　B 西安　　　　　C 北京　　　　　　D 哈尔滨
41. A 外出的人多　　B 海南温度高　　C 哈尔滨很冷　　　D 加班的人多
42. A 王明　　　　　B 王明全家　　　C 王明的奶奶　　　D 王明的妈妈
43. A 吃饭　　　　　B 上网　　　　　C 看电视　　　　　D 聊天儿
44. A 跑步　　　　　B 游泳　　　　　C 打篮球　　　　　D 打网球
45. A 一个小时　　　B 两个小时　　　C 三个小时　　　　D 一个半小时

| 第3回 | 第一部分 | 問題 P.86 | 0301.mp3 |

放送内容
大家好！欢迎参加HSK（四级）考试。
大家好！欢迎参加HSK（四级）考试。
大家好！欢迎参加HSK（四级）考试。
HSK（四级）听力考试分三部分，共45题。
请大家注意，听力考试现在开始。

和訳
こんにちは。HSK 4級テストへようこそ。
こんにちは。HSK 4級テストへようこそ。
こんにちは。HSK 4級テストへようこそ。
HSK（4級）聴解試験は3部分あり、合計45問です。
ただ今から聴解試験を始めます。注意して聞いてください。

放送内容
第一部分
一共10个题，每题听一次。例如：

和訳
第1部分
合計10問で、各問放送は1回のみです。例えば、

問題用紙
第1-10题：判断对错。

和訳
問1～問10：文が正しいかどうかを判断しなさい。

例　正解 [✓]

問題文　他打算下午去银行。

和　訳　彼は午後、銀行に行くつもりです。

放送内容　我想去办个信用卡，今天下午你有时间吗? 陪我去一趟银行?

和訳　クレジットカードを作りたいのですが、今日の午後時間がありますか？一緒に銀行に行ってくれませんか？

例 正 解 [**✕**]

問題文 他喜欢看电视广告。

和 訳 彼はテレビCMを見るのが好きです。

放送内容 现在我很少看电视，其中一个原因是，广告太多了，不管什么时间，也不管什么节目，只要你打开电视，总能看到那么多的广告，浪费我的时间。

和訳 最近私は、あまりテレビを見ません。その理由の1つはCMが多すぎるからです。いつどの番組を見ても、ひとたびテレビのスイッチを入れればたくさんのCMが目に入ってきます。時間の無駄です。

放送内容 **现在开始第1题：**

和訳 **ただ今から問1を始めます。**

01 正 解 [✗]

問題文　他们在听课。

和　訳　彼らは今授業を受けています。

> 放送内容　他们每个人都在做自己的事，有的在看书，有的在上网，有的在收拾东西。
>
> 和訳　彼らは各自自分のことをしています、ある人は本を読み、ある人はインターネットをし、またある人は片づけをしています。

02 正 解 [✗]

問題文　张师傅从来没得过大病。

和　訳　張さんはこれまで大病にかかったことがありません。

> 放送内容　张师傅，听说您前两天住院了。您的脸色很不错，看上去可一点儿也不像得过大病的样子。
>
> 和訳　張さん、この前入院したそうだけど、でも顔色はいいですね。まるで大きな病気にかかったことがないようです。

03 正 解 [✓]

問題文　小王没有留在北京工作。

和　訳　王君は北京で仕事をしていません。

> 放送内容　大学毕业那年，别人都想留在北京，小王却主动要求到农村工作。
>
> 和訳　大学を卒業した年、ほかの人は北京に残りたがりましたが、王君だけは自発的に農村での仕事を望みました。

04 正解 [✗]

問題文　現在汽车票十五元了。

和　訳　今、切符は15元です。

> 放送内容：现在什么都比以前贵，就说这汽车票吧，到城里几年前还是十五元，现在一下子就贵了一倍。
>
> 和訳：今は何でも以前よりは高くなりました、この切符もそうです。数年前まで街に行くには15元でしたが、今ではその2倍もするのですから。

05 正解 [✓]

問題文　明天家里来客人。

和　訳　明日、家にお客さんが来ます。

> 放送内容：明天有客人来，咱们是不是得准备一下? 我去买些吃的，你把家里收拾收拾，把那些没用的东西都扔了吧。
>
> 和訳：明日、お客さんが来るので準備しなくちゃいけないよね？　私は何か食べ物を買いに行くから、あなたは部屋の掃除をして、それら不要な物を捨ててね。

06 正解 [✗]

問題文　他喜欢吃方便食品。

和　訳　彼はインスタント食品を食べるのが好きです。

> 放送内容：方便食品虽然吃着方便，但吃多了对身体不好，我还是喜欢吃新鲜的肉、菜和水果。
>
> 和訳：インスタント食品は確かに便利だけど、しかし食べ過ぎると体によくない。僕はやはり新鮮な肉、野菜や果物が好きだな。

07 正 解 [✓]

問題文　小李没有参加英语考试。

和　訳　李君は英語のテストを受けませんでした。

放送内容　昨天下午有英语考试，上午小李打了三个小时的篮球，觉得非常累，中午睡觉睡过了，醒来的时候考试已经结束了。

和訳　昨日午後英語のテストがありましたが、午前中、李君は3時間バスケットボールをしたので、とても疲れました。そこで昼寝したのですが寝過ごしてしまい、目覚めた時には既にテストは終わっていました。

08 正 解 [✗]

問題文　准备考试对小欣来说很轻松。

和　訳　欣ちゃんは試験に向けてとてもリラックスしています。

放送内容　小欣复习考试挺辛苦的，咱们星期天带她到红林公园去玩玩儿，让她轻松一下吧。

和訳　欣ちゃんは試験のための勉強でとても大変そうだから、日曜日に彼女を連れて紅林公園に遊びに行き、気分転換させようよ。

09 正 解 [✓]

問題文　大雪后车应该开得慢一些。

和　訳　大雪の後はゆっくり運転するべきです。

放送内容　下大雪后路不好走，容易撞车。其实车开得慢一点儿也不会有事的，可有的人总想开快车。

和訳　大雪の後の道路では運転しにくく、車と衝突しやすい。実際は、ゆっくり運転してれば問題はないけれど、人によってはこんな時でもスピードを出しています。

| 10 | 正 解 [✗] |

問題文　香辣蟹是天津的名菜。

和　訳　**香辣蟹は天津の名物料理です。**

> 放送内容　每到一个城市，我和朋友都会找当地最有名的菜尝尝，例如乌鲁木齐的手抓羊肉、天津的清炒虾仁等等，其中我印象最深的是重庆的香辣蟹。
>
> 和訳　どこかの都市に行くたびに、私と友人は現地で一番有名な料理を食べることにしています。例えば、ウルムチの手抓羊肉（骨付き羊肉料理）や天津の清炒虾仁（むきエビの炒め物）など。その中で最も印象深いのは重慶の香辣蟹（辛く味付けされた蟹）です。

| 第3回 | 第二部分 | 問題 P.88 | 0302.mp3 |

放送内容　第二部分
一共15个题，每题听一次。例如：

和訳　第2部分
合計15問で、各問放送は1回のみです。 例えば、

問題用紙　第11-25题：请选出正确答案。

和訳　問11～問25：正しい答えを選んでください。

例　正解 [D]

選択肢　A　去机场　　　　　　　　B　快到了
　　　　C　油是满的　　　　　　　D　有加油站

和　訳　A　空港に行く　　　　　　B　まもなく到着する
　　　　C　ガソリンが満タンだ　　D　ガソリンスタンドがある

放送内容
女：该加油了，去机场的路上有加油站吗？
男：有，你放心吧。
问：男的主要是什么意思？

和訳
女：そろそろ給油しなきゃ。空港に行く途中にガソリンスタンドはある？
男：あるよ、安心して。
問：男性の言葉は主にどういう意味ですか？

放送内容　现在开始第11题：

和訳　ただ今から問11を始めます。

| 11 | 正解 [C] |

選択肢　A　教室里　　　B　汽车里　　　C　饭馆里　　　D　医院里
和　訳　A　教室　　　　B　車内　　　　C　レストラン　D　病院

放送内容
男：请问，这儿有人吗？
女：没有了吧，刚才坐在这儿的那个人好像吃完走了。
问：他们最可能在哪儿？

和訳
男：すみません、ここ空いていますか？
女：空いてるんじゃないかな？　さっきここに座っていた人は食べた後に出て行ったようですから。
問：彼らはどこにいると思われますか？

| 12 | 正解 [C] |

選択肢　A　女的说得不对　　　　　　B　女的不该说话
　　　　C　同意女的的话　　　　　　D　赵明就是明星
和　訳　A　女性が言うことは正しくない　B　女性は話すべきではない
　　　　C　女性の話に同意した　　　　　D　趙明はスターだ

放送内容
女：你看，赵明穿上西装，哪里像个清洁工，简直就是个电影明星。
男：你别说还真是，跟明星差不了多少。
问：男的是什么意思？

和訳
女：見て、趙明がスーツを着ていると、清掃員とは思えなく、まるで映画スターのようだわ。
男：本当だね、映画スターとあまり変わらないね。
問：男性の言葉の意味は何ですか？

第3回

| 13 | 正 解 [**A**] |

選択肢　A　对画展没兴趣　　　　　　B　不喜欢看花儿
　　　　C　明天没有时间　　　　　　D　画儿确实好看

和　訳　A　絵画展に興味がない　　　B　花を観賞するのが好きではない
　　　　C　明日は時間がない　　　　D　絵画は確かにきれいだ

放送内容
男：明天有时间吗? 咱们去看画展吧。
女：我不去，画儿有什么好看的。
问：女的是什么意思?

和訳
男：明日時間がある？　僕たち絵画展に行こうよ。
女：行かない。絵なんてどこがいいの？
問：女性の言葉の意味は何ですか？

| 14 | 正 解 [**B**] |

選択肢　A　10:10　　　B　9:50　　　C　10:00　　　D　10:50

和　訳　A　10:10　　　B　9:50　　　C　10:00　　　D　10:50

放送内容
女：你看看表，几点了? 他怎么还不来?
男：差十分十点，十有八九他不来了。
问：现在几点?

和訳
女：今、何時になった？　どうして彼はまだ来ないの？
男：10時10分前だ。十中八九、彼は来ないだろう。
問：今何時ですか？

| 15 | 正 解 [**C**] |

選択肢　A　游泳　　　B　旅行　　　C　读书　　　D　爬山

和　訳　A　水泳　　　B　旅行　　　C　読書　　　D　登山

放送内容
男：我听说张学东特别喜欢游泳。
女：没错，不过他只喜欢在书海里游，每天都抱着书不放。
问：张学东喜欢做什么?

和訳
男：張学東は泳ぐのが非常に好きだと聞いたけど。
女：そのとおり。でも彼は本の海のみで泳ぐのが好きで、毎日、本を放さないよ。
問：張学東は何をするのが好きですか？

16 正解 [B]

選択肢 A 今天做不完　　　　　B 数学题太难
　　　　　C 数学老师不好　　　　D 作业共三道题

和 訳 A 今日中には終われない　B 数学の問題は難しすぎる
　　　　　C 数学の先生はよくない　D 宿題は合計3問ある

放送内容
女：都两个小时了，你这作业怎么还没写完啊？
男：这不能怪我，谁让数学老师留这么难的作业啊，到现在我还有三道题没做出来呢。
问：根据对话，可以知道什么？

和訳
女：もう2時間たったのに、あなた宿題まだ終わってないの？
男：僕のせいじゃないよ。数学の先生がこんな難しい宿題を出すからだよ。あと、3つの問題を解かなきゃいけないよ。
問：この会話から分かることは何ですか？

17 正解 [C]

選択肢 A 同事　　　B 师生　　　C 同学　　　D 亲戚

和 訳 A 同僚　　　B 教師と学生　C クラスメート　D 親戚

放送内容
男：张继民不是和你一个班吗？他怎么没和你们一起毕业？
女：他去年生病了，在家休息了一年。
问：女的和张继民是什么关系？

和訳
男：張継民は君と同じクラスじゃないか？　彼はどうして君たちと一緒に卒業しないの？
女：彼は去年、病気で1年間家で休んでいたからよ。
問：女性と張継民はどんな関係ですか？

| 18 | 正 解 [D] |

選択肢　A　不想去　　　　　　　　B　一定去
　　　　C　换个时间去　　　　　　D　现在定不下来

和　訳　A　行きたくない　　　　　B　必ず行く
　　　　C　時間を変えて行く　　　D　今は決められない

放送内容
女：我们明天去体育馆打乒乓球，你去不去？
男：明天再说吧。
问：男的是什么意思？

和訳
女：私たち明日体育館へ卓球をしに行くのだけど、あなたも行く？
男：明日決めるよ。
問：男性の言葉の意味は何ですか？

| 19 | 正 解 [C] |

選択肢　A　学校　　　　　　　　　B　书店
　　　　C　饭店　　　　　　　　　D　电影院

和　訳　A　学校　　　　　　　　　B　本屋
　　　　C　レストラン　　　　　　D　映画館

放送内容
男：你觉得这儿怎么样？
女：环境确实不错，上菜再快点儿就更好了。
问：他们最可能在哪儿？

和訳
男：ここはどう思う？
女：雰囲気は確かにいいね、ただ料理が早く出てくるともっといいけどね。
問：彼らはどこにいると思われますか？

20 正解 [C]

選択肢　A 十五岁　　　　　　　　B 二十岁
　　　　C 二十五岁　　　　　　　D 三十五岁

和　訳　A 15歳　　　　　　　　　B 20歳
　　　　C 25歳　　　　　　　　　D 35歳

放送内容
女：爱玲今年二十多了吧?
男：那当然了。十年前王云离开天津时，她就已经十五岁了。
问：爱玲今年多大?

和訳
女：愛玲は今年20歳ちょっとになるでしょう？
男：そうだよ。10年前に王雲が天津から出た時、彼女は既に15歳だったからね。
問：愛玲は今年いくつですか？

21 正解 [B]

選択肢　A 乘客　　　　　　　　　B 警察
　　　　C 司机　　　　　　　　　D 路人

和　訳　A 乗客　　　　　　　　　B 警察
　　　　C 運転手　　　　　　　　D 歩行者

放送内容
男：停车，停车!
女：对不起! 光说话了，没看见红灯，您就原谅我这一次吧。
问：男的最可能是做什么的?

和訳
男：止まって、止まって！
女：申し訳ございません！　ずっと話していて赤信号を見てなかったです。今回だけは見逃してください。
問：男性の仕事は何だと思われますか？

103

22 正解 [A]

選択肢　A　不想换饭店　　　　　　　B　这家饭店不好
　　　　C　想去别的饭店　　　　　　D　第一次来这里

和　訳　A　レストランを変えたくない　　B　このレストランはよくない
　　　　C　ほかのレストランに行きたい　D　初めてここに来た

放送内容
女：咱们到别的饭店看看吧。
男：这家饭店没什么不好呀？
问：男的是什么意思？

和訳
女：ほかのレストランに行こうよ。
男：このレストランのどこが悪いの？
問：男性の言葉の意味は何ですか？

23 正解 [A]

選択肢　A　不错　　　　　　　　　　　B　便宜
　　　　C　买不到　　　　　　　　　　D　没有用

和　訳　A　素晴らしい　　　　　　　　B　安い
　　　　C　買えない　　　　　　　　　D　役に立たない

放送内容
男：阿真，这本书怎么样，要不要买一本？
女：好是好，就是太贵了，还是从图书馆借吧。
问：女的觉得这本书怎么样？

和訳
男：真さん、この本はどう？　買いたい？
女：いい本だけど値段が高すぎるわ。やはり図書館から借りましょう。
問：女性はこの本についてどう感じていますか？

104

24 正解 [D]

選択肢　A　还没结婚　　　　　　　B　年纪很大了
　　　　C　在小学工作　　　　　　D　已经有孩子了

和　訳　A　まだ結婚していない　　B　年齢が高い
　　　　C　小学校で仕事している　D　既に子供がいる

放送内容
女：马老师不是还没结婚吗？
男：谁说的？他的孩子都上小学三年级了。
问：关于马老师，可以知道什么？

和訳
女：馬先生はまだ結婚してないんじゃなかった？
男：誰がそんなこと言った？　お子さんは既に小学3年生だよ。
問：馬先生について分かることは何ですか？

25 正解 [C]

選択肢　A　女的去过南方　　　　　B　女的家在南方
　　　　C　男的家在南方　　　　　D　女的是中国人

和　訳　A　女性は南部に行ったことがある
　　　　B　女性の家は南部にある
　　　　C　男性の家は南部にある
　　　　D　女性は中国人だ

放送内容
男：如果你对中国南方有兴趣，我可以带你去我家玩儿几天。
女：太好了。我早就想去看看了。
问：根据对话，可以知道什么？

和訳
男：もし中国南部について興味があるなら、一緒に僕の家に何日か遊びに行かない？
女：うれしいわ。前から行きたかったの。
問：この会話から分かることは何ですか？

| 第3回 | 第三部分 | 問題 P.90 | 0303.mp3 |

> 放送内容
> 第三部分
> 一共20个题，每题听一次。例如：

> 和訳
> 第3部分
> 合計20問で、各問放送は1回のみです。例えば、

> 問題用紙
> 第26-45题：请选出正确答案。

> 和訳
> 問26～問45：正しい答えを選んでください。

例　正解 [C]

選択肢　A 两点　　B 3点　　C 3:30　　D 6点

和　訳　A 2時　　B 3時　　C 3時半　　D 6時

> 放送内容
> 男：把这个文件复印五份，一会儿拿到会议室发给大家。
> 女：好的。会议是下午三点吗?
> 男：改了。三点半，推迟了半个小时。
> 女：好，六零二会议室没变吧?
> 男：对，没变。
> 问：会议几点开始?

> 和訳
> 男：この書類を5部コピーして、後で会議室に行って皆さんに配布してください。
> 女：かしこまりました。会議は午後3時ですか？
> 男：いいえ、3時半に変更しました。30分遅らせます。
> 女：分かりました。602会議室で変わりはないですね？
> 男：はい、変更はないです。
> 問：会議は何時に始まりますか？

> 放送内容
> 现在开始第26题：

> 和訳
> ただ今から問26を始めます。

26 正解 [D]

選択肢　A　家里　　　　　　　　　B　汽车上
　　　　C　病房里　　　　　　　　D　办公室里

和　訳　A　家の中　　　　　　　　B　車内
　　　　C　病院内　　　　　　　　D　事務所内

放送内容
女：你怎么啦？脸色这么差。
男：肚子不舒服。
女：那就快去医院看看吧，还等什么呢？
男：我还有点儿事，现在走不开，下班后再去吧。
问：他们最可能在哪儿？

和訳
女：どうしたの？　顔色がすごく悪いよ。
男：お腹の調子がよくないんだ。
女：それじゃ、早く病院に行った方がいいわ。どうしてまだ行かないの？
男：まだすべきことがあるから今は行けないんだ。仕事が終わったら行くよ。
問：彼らはどこにいると思われますか？

27 正解 [C]

選択肢　A　做菜　　　　　　　　　B　看电影
　　　　C　换衣服　　　　　　　　D　打扫厨房

和　訳　A　料理をしている　　　　B　映画を見ている
　　　　C　着替えをしている　　　D　台所を掃除している

放送内容
男：快点儿！你这个人做事怎么这么慢呢？
女：来了，来了。
男：就出去看个电影，还换什么衣服呀？
女：我总不能穿着下厨房的衣服出门吧？
问：女的正在做什么？

和訳
男：早く！　君はどうしてそんなに遅いんだ？
女：はい、はい。
男：ただ映画を見に行くのに、服を着替える必要があるか？
女：料理する時の服のまま出かけられないでしょう？
問：女性は今、何をしていますか？

107

| 28 | 正解 [B] |

選択肢　A　购物　　　　　　　　　B　买房
　　　　C　工资　　　　　　　　　D　旅游

和　訳　A　買い物について　　　　B　家の購入について
　　　　C　給料について　　　　　D　旅行について

放送内容
女：你说咱们是买离公司近的房子呢，还是远一点儿的？
男：当然是近一点儿的了，上下班多方便啊！
女：可咱们的钱只够买个三十平米的小房子。
男：啊？那么点儿的房子怎么住啊！
问：他们在谈论什么？

和訳
女：私たち会社から近い家を買う？　それとも少し遠いところがいい？
男：当然近いところの方がいい、通勤に便利だしね！
女：でも私たちの予算では30平米の部屋しか買えないわ。
男：え？　そんな狭い部屋にどうやって住むの！
問：彼らは何について話していますか？

| 29 | 正解 [D] |

選択肢　A　上海　　B　广州　　C　深圳　　D　北京

和　訳　A　上海　　B　広州　　C　深圳　　D　北京

放送内容
男：听说你下周又要出差，去哪儿呀？
女：先到上海，然后去广州，周五晚上从深圳回北京。
男：真辛苦，天气热，注意多喝水。
女：放心吧，我会照顾好自己的。
问：女的这次出差从哪儿出发？

和訳
男：君、来週また出張らしいけど、どこに行くの？
女：まず上海、それから広州に行き、金曜日の夜に深圳から北京に戻るの。
男：大変だね、暑いし。多めに水分をとってね。
女：安心して、気を付けるから。
問：女性の今回の出張はどこから出発しますか？

| 30 | 正　解 | [C] |

選択肢　A　邻居　　　　B　同学　　　　C　老师　　　　D　妈妈
和　訳　A　近所の人　　B　クラスメート　C　先生　　　　D　お母さん

放送内容
女：李东同学最近进步很快。
男：您看他还有哪些要注意的? 我能做些什么?
女：他很聪明，就是不太努力，您常检查一下他的作业就行了。
男：好的。谢谢您。
问：女的最可能是李东的什么人?

和訳
女：李東君の最近の学習進歩は早いです。
男：ほかに何か注意すべき点はありますか？　私にできることは何でしょうか？
女：彼は頭がいいけど、あまり努力はしないので、ちゃんと宿題をやっているかよくチェックしてください。
男：分かりました。ありがとうございます。
問：女性は李東君とどんな関係だと思われますか？

| 31 | 正　解 | [C] |

選択肢　A　银行　　　B　家里　　　C　火车站　　D　汽车上
和　訳　A　銀行　　　B　家の中　　C　駅　　　　D　バスの中

放送内容
男：来，我来帮你拿这个包。
女：这怎么好意思! 你的东西也不少。我把它放行李箱上拉着走就行了。
男：没事，出门在外，就别那么客气了。
女：那就太感谢你了!
问：他们最可能在哪儿?

和訳
男：さあ！　僕があなたの持っているバッグを持ちますよ。
女：大丈夫です！　あなたも荷物が多いのに。これをトランクの上に置いて引っ張って歩くので。
男：気にしないで、旅の恥は掻き捨てですよ。遠慮しないで。
女：では、お言葉に甘えさせていただきます！
問：彼らはどこにいると思われますか？

32 正解 [C]

選択肢　A 300元　　B 400元　　C 500元　　D 700元
和　訳　A 300元　　B 400元　　C 500元　　D 700元

放送内容
女：这件衣服三百块钱卖吗？
男：如果您想买，就给四百吧，这就已经给您打了八折了。
女：这样的衣服，在东方商场也就卖到三百。
男：您仔细看看，肯定是不一样的。
问：这件衣服原价多少钱？

和訳
女：この服、300元で売ってくれませんか？
男：お求めならば、400元でいかがですか？ これでも既に2割引していますよ。
女：このような服は、東方商場でも300元で売っていますよ。
男：よく見てください。それとこれは絶対違いますよ。
問：この服の定価はいくらですか？

33 正解 [C]

選択肢　A 妈妈来了　　　　　　B 爸爸病了
　　　　C 路上堵车　　　　　　D 她头很疼
和　訳　A お母さんが来たから　　B お父さんが病気になったから
　　　　C 道が渋滞していたから　D 彼女は頭痛だったから

放送内容
男：小张，你从来没有迟到过，今天怎么来晚了？
女：我妈头疼得厉害，我送她去医院了。时间本来是够的，谁知来的路上堵了半个小时。
男：你来了，谁在医院照顾你妈妈呢？
女：我爸爸。
问：小张为什么迟到了？

和訳
男：張さん、君はこれまで遅刻したことがないけど、今日はどうして遅れたの？
女：母の頭痛がひどくて、私は母を病院に連れて行きました。それでも本来ならここに来るのは間に合うはずでしたが、途中で30分の渋滞に巻き込まれました。
男：君はここに来たけど、誰が病院でお母さんのお世話をするの？
女：お父さんです。
問：張さんは、どうして遅刻したのですか？

| 34 | 正解 [C] |

選択肢　A　山太高　　　　　　　　B　怕花钱
　　　　C　不放心　　　　　　　　D　人太多

和　訳　A　山が高すぎるから　　　B　お金を使うから
　　　　C　安心できないから　　　D　人が多すぎるから

放送内容
女：我想跟同学去爬泰山，我妈妈不让我去。
男：是怕花钱吧？
女：那倒不是。她说我们年龄太小，她不放心。
男：可怜天下父母心哪！
问：妈妈为什么不让女儿去泰山？

和訳
女：クラスメートと一緒に泰山に行きたいのだけど、お母さんが行かせてくれないの。
男：たくさんのお金を使うからじゃない？
女：それはないわ。お母さんは、私たちはまだ小さいから不安だ、と言うのよ。
男：やはり親の愛だね！
問：お母さんは、どうして娘を泰山に行かせないのですか？

| 35 | 正解 [D] |

選択肢　A　青岛　　　B　西安　　　C　杭州　　　D　昆明

和　訳　A　青岛　　　B　西安　　　C　杭州　　　D　昆明

放送内容
男：你假期去哪儿玩儿了？
女：我先跟同学去了青岛，后来又自己去了西安和昆明。
男：同学们一起出去玩儿很有意思吧？
女：其实我更喜欢一个人旅游，这次去昆明感觉就特别好，给我留下了很深的印象。
问：女的认为到哪儿旅游最有意思？

和訳
男：休み中にどこに行って遊んだ？
女：まずクラスメートと青島に行き、それから自分だけで西安と昆明に行って来たわ。
男：クラスメートと一緒の旅行は楽しかった？
女：実は、一人旅の方がもっと好き。今回行った昆明はとてもいい感じで、すごく印象深く残っているわ。
問：女性が思う最も楽しかった旅行はどこですか？

放送内容	第36到37题是根据下面一段话： 一位商场经理说，一个星期七天里，他最喜欢周末两天，每星期刚刚开始他就希望这两天快点儿到来。据不少商场反映，周末两天卖出去的东西比前五天加起来还要多。
和訳	問36～問37までは以下の話から出題されます。 あるデパートのマネージャーは、1週間の中で最も好きな日は週末の2日間だと言いました。毎週の始まりから既にこの2日間が来るのを待ち遠しく思っています。多くのデパートによると、週末の2日間の売上はその他の5日間合計の売上に比べてずっと多いらしいです。

36 正解 [C]

選択肢　A　可以休息　　　　　　　　B　想去逛街
　　　　C　卖的东西多　　　　　　　D　可以去旅游

和　訳　A　休むことができるから　　B　ショッピングしたいから
　　　　C　たくさん売れるから　　　D　旅行に行けるから

放送内容	商场经理为什么喜欢周末？
和訳	デパートのマネージャーは、どうして週末が好きですか？

| 37 | 正　解 [**D**] |

選択肢　A　星期一　　　　　　　B　星期三
　　　　C　星期四　　　　　　　D　星期六

和　訳　A　月曜日　　　　　　　B　水曜日
　　　　C　木曜日　　　　　　　D　土曜日

放送内容　商场什么时候卖出去的商品最多?

和訳　デパートの商品売上が最も多いのは、いつですか？

放送内容　第38到39题是根据下面一段话：
現在交通越来越方便，购物环境也越来越好，特别是在一些大商场里不仅可以买东西，还可以吃饭、喝茶、聊天儿，小朋友还可以玩儿游戏。即使不买什么东西，走走看看也很有意思。

和訳　問38～問39までは以下の話から出題されます。
現在の交通は、ますます便利になってきています。買い物環境もますますよくなり、特にあるショッピングモールは商品を購入する場だけでなく、そこで食事、お茶、おしゃべりができ、その上、小さな子供も遊べます。つまり、たとえ何も買わなくても、行くだけでもおもしろいということです。

38 正解 [**A**]

選択肢　A 很有意思　　　　　B 东西便宜
　　　　C 服务较差　　　　　D 可选择的不多

和　訳　A おもしろい　　　　B 物が安い
　　　　C サービスが悪い　　D 選べるのが少ない

放送内容　关于大商场，可以知道什么？

和訳　ショッピングモールについて分かることは何ですか？

| 39 | 正　解 [**B**] |

選択肢　A　批评　　　　　　　　B　肯定
　　　　　C　怀疑　　　　　　　　D　反对

和　訳　A　批判的　　　　　　　B　肯定的
　　　　　C　懷疑的　　　　　　　D　反対

放送内容　说话人对大商场是什么态度?

和訳　ショッピングモールに対して話し手はどんな態度ですか？

放送内容	第40到41题是根据下面一段话： 从哈尔滨来的王先生说，他"十一"长假来北京旅游，大概算了一下，这次至少也得花八千元。他还说,他的很多朋友"十一"前都计划好了外出旅游，但火车票不好买，特别是到北京、上海这些地方。
和訳	問40～問41までは以下の話から出題されます。 ハルビンから来た王さんによると、今回の「十一（国慶節期間）」の大型連休期間での北京旅行の概算費用は、少なくても8000元は掛かると言います。また彼は、多くの友人が「十一」前に旅行計画を立てますが、鉄道の切符、特に北京や上海方面のは、手に入りにくいとも言いました。

40 正解 [C]

選択肢　A　海南　　　　　　　　B　西安
　　　　C　北京　　　　　　　　D　哈尔滨

和　訳　A　海南　　　　　　　　B　西安
　　　　C　北京　　　　　　　　D　ハルビン

放送内容	王先生"十一"到哪儿旅游？
和訳	王さんは「十一」期間にどこへ旅行に行きますか？

| 41 | 正 解 [**A**] |

選択肢　A　外出的人多　　　　　B　海南温度高
　　　　C　哈尔滨很冷　　　　　D　加班的人多

和　訳　A　外出する人が多い　　B　海南の温度が高い
　　　　C　ハルビンは寒い　　　D　残業の人が多い

放送内容 关于"十一"长假，可以知道什么？

和訳 「十一」の大型連休について分かることは何ですか？

放送内容　第42到43题是根据下面一段话：
今年寒假，马克的朋友王明邀请他去家里过年。那天晚上，王明的妈妈准备了很丰盛的晚餐，他不明白为什么做那么多菜。吃完饭，大家一起聊天儿、看电视，王明的奶奶还给了他一个红包，他很吃惊。回到家后，马克上网找了一些关于中国春节的介绍，他才恍然大悟。

和訳　問42～問43までは以下の話から出題されます。
今年の冬休みに、マークの友人である王明はマークを招待して彼の家で年越しをしました。その日の夜、王明のお母さんは盛りだくさんの料理を準備しました。マークは、なぜこんなに多くの料理を出したのかが分かりませんでした。食事後に、みんなでおしゃべりをしたり、テレビを見たりしていました。そして、王明のおばあさんはマークに、またお年玉をあげたので、彼は驚きました。帰宅後、マークは中国の春節についてインターネットで調べ、それでやっと理解しました。

42　正解 [B]

選択肢　A　王明　　　　　　　　B　王明全家
　　　　C　王明的奶奶　　　　　D　王明的妈妈

和　訳　A　王明　　　　　　　　B　王明一家
　　　　C　王明のおばあさん　　D　王明のお母さん

放送内容　今年春节，马克和谁在一起？

和訳　今年の春節、マークは誰と一緒にいましたか？

| 43 | 正　解 [B] |

選択肢　A　吃饭　　　　　　　　B　上网
　　　　C　看电视　　　　　　　D　聊天儿

和　訳　A　食事　　　　　　　　B　ネットサーフィン
　　　　C　テレビを見る　　　　D　おしゃべりをする

放送内容 春节晚上，他们没做什么？

和訳 春節の夜、彼らがしなかったことは何ですか？

| 放送内容 | 第44到45题是根据下面一段话：
每天下午，我下了课就去体育馆锻炼身体，跑步、游泳或者跟老师学打网球。我每天坚持锻炼一个小时，所以我的身体很好。晚上，我要做半个小时的听力题，练习写一个小时汉字，然后复习课文和语法，经常十一点多才睡觉。 |
|---|---|
| 和訳 | 問44～問45までは以下の話から出題されます。
私は毎日午後の授業が終わった後、すぐ体育館に行って体を鍛えています。ジョギングしたり、水泳をしたり、または先生からテニスも学んだりしています。毎日1時間、体を鍛え続けているので体の調子はいいです。夜、私はリスニング問題を30分行い、漢字の書き取りを1時間行います。それからテキストと文法の復習をするので、通常は11時すぎにやっと寝ます。 |

44 正解 [C]

選択肢　A 跑步　　　　　　　　B 游泳
　　　　C 打篮球　　　　　　　D 打网球

和　訳　A ジョギング　　　　　B 水泳
　　　　C バスケットボール　　D テニス

放送内容	说话人没有提到哪种运动？
和訳	話し手が述べていないスポーツはどれですか？

| 45 | 正 解 [A] |

選択肢　A　一个小时　　　　　　　B　两个小时
　　　　C　三个小时　　　　　　　D　一个半小时

和　訳　A　1時間　　　　　　　　B　2時間
　　　　C　3時間　　　　　　　　D　1時間半

> 放送内容　说话人晚上用多长时间练习写汉字?
>
> 和訳　話し手が夜に漢字の書き取りにかける時間はどのくらいですか？

放送内容　听力考试现在结束。

和訳　聴解試験はこれで終了です。

第3回

第4回

（四）听 力

第 一 部 分

第1-10题：判断对错。

例如： 我想去办个信用卡，今天下午你有时间吗? 陪我去一趟银行?
★ 他打算下午去银行。

(✓)

现在我很少看电视，其中一个原因是，广告太多了，不管什么时间，也不管什么节目，只要你打开电视，总能看到那么多的广告，浪费我的时间。
★ 他喜欢看电视广告。

(×)

1. ★ 他现在最羡慕记者。   (   )

2. ★ 他今天没有按时睡觉。   (   )

3. ★ 他们在中国认识了一些朋友。   (   )

4. ★ 留学生没有表演节目。   (   )

5. ★ 他们家一共三口人。   (   )

6. ★ 他和女儿去公园打羽毛球。   (   )

7. ★ 玛丽这个暑假会去西藏旅游。   (   )

8. ★ 他这几天自己做晚饭吃。　　　　　　　　（　　）

9. ★ 他上中学时看过不少小说。　　　　　　　（　　）

10. ★ 北京的冬泳爱好者中有很多中老年人。　　（　　）

第 二 部 分

第11-25题：请选出正确答案。

例如：女：该加油了，去机场的路上有加油站吗？
　　　男：有，你放心吧。
　　　问：男的主要是什么意思？
　　　A 去机场　　　B 快到了　　　C 油是满的　　　D 有加油站 ✓

11. A 三号楼　　　B 四号楼　　　C 五号楼　　　D 六号楼

12. A 三十五度　　B 三十四度　　C 三十五度　　D 三十六度

13. A 冬天很冷　　B 秋天多雨　　C 春天多风　　D 夏天很热

14. A 让他想一想　B 他不记得了　C 他确实不认识　D 他开了个玩笑

15. A 报纸　　　　B 电影　　　　C 小说　　　　D 电视剧

16. A 两个地方都好　B 还是那儿更好　C 这儿条件更好　D 不知道哪儿好

17. A 两个　　　　B 三个　　　　C 五个　　　　D 七个

18. A 书店　　　　B 超市　　　　C 饭馆　　　　D 水果店

19. A 写信　　　　B 买菜　　　　C 找人　　　　D 寄信

20. A 跳舞　　　　B 唱歌　　　　C 照相　　　　D 聊天

21. A 他们是夫妻　　B 女的生日到了　　C 女的今天结婚　　D 男的今天结婚

22. A 考虑买灯　　　B 灯可以打折　　　C 灯不算漂亮　　　D 这些灯太贵

23. A 她不会来的　　B 她肯定会来　　　C 她来不了了　　　D 她不太想来

24. A 三月　　　　　B 五月　　　　　　C 八月　　　　　　D 十月

25. A 男的不喜欢　　B 是男的买的　　　C 是女的买的　　　D 女的很喜欢

第 三 部 分

第26-45题：请选出正确答案。

例如：男：把这个文件复印五份，一会儿拿到会议室发给大家。
　　　女：好的。会议是下午三点吗?
　　　男：改了。三点半，推迟了半个小时。
　　　女：好，六零二会议室没变吧?
　　　男：对，没变。
　　　问：会议几点开始?
　　　A 两点　　　　B 3点　　　　C 3:30 ✓　　　D 6点

26. A 教室　　　　　B 洗手间　　　　C 会议室　　　　D 经理办公室

27. A 经常迟到　　　B 工作完不成　　C 身体不太好　　D 一说话就害羞

28. A 不满意　　　　B 很生气　　　　C 不理解　　　　D 很抱歉

29. A 离家远　　　　B 学费太高　　　C 要求太多　　　D 招的学生少

30. A 支持　　　　　B 重视　　　　　C 尊重　　　　　D 不满意

31. A 关心　　　　　B 客气　　　　　C 满意　　　　　D 放心

32. A 女的没上大学　B 女的要找工作　C 男的没有时间　D 男的没有工作

33. A 包里　　　　　B 口袋里　　　　C 书下面　　　　D 桌子上

34. A 大街上　　　　B 停车场　　　　C 加油站　　　　D 汽车站

128

35. A 饭馆　　　　　B 超市　　　　　C 男的家　　　　D 女的家

36. A 两份　　　　　B 三份　　　　　C 四份　　　　　D 五份

37. A 工资比较高　　B 离家比较近　　C 工作环境好　　D 能得到发展

38. A 茶　　　　　　B 牛奶　　　　　C 啤酒　　　　　D 葡萄酒

39. A 喝酒前　　　　B 喝酒时　　　　C 上热菜时　　　D 吃完饭后

40. A 一个小时　　　B 两个小时　　　C 一个半小时　　D 两个半小时

41. A 周二有新课　　B 这周开新课　　C 新课每周四节　D 新课需要报名

42. A 非常累　　　　B 非常渴　　　　C 手很疼　　　　D 想吃水果

43. A 十元　　　　　B 二十元　　　　C 三十元　　　　D 五十元

44. A 数学课　　　　B 汉字课　　　　C 电脑课　　　　D 体育课

45. A 戴上了眼镜　　B 没有戴眼镜　　C 讲课声音大　　D 说话不清楚

| 第4回 | 第一部分 | 問題 P.124 | 0401.mp3 |

放送内容
大家好！欢迎参加HSK（四级）考试。
大家好！欢迎参加HSK（四级）考试。
大家好！欢迎参加HSK（四级）考试。
HSK（四级）听力考试分三部分，共45题。
请大家注意，听力考试现在开始。

和訳
こんにちは。HSK 4級テストへようこそ。
こんにちは。HSK 4級テストへようこそ。
こんにちは。HSK 4級テストへようこそ。
HSK（4級）聴解試験は3部分あり、合計45問です。
ただ今から聴解試験を始めます。注意して聞いてください。

放送内容
第一部分
一共10个题，每题听一次。例如：

和訳
第1部分
合計10問で、各問放送は1回のみです。例えば、

問題用紙
第1-10题：判断对错。

和訳
問1～問10：文が正しいかどうかを判断しなさい。

例

正　解　[✓]

問題文　他打算下午去银行。

和　訳　彼は午後、銀行に行くつもりです。

放送内容　我想去办个信用卡，今天下午你有时间吗? 陪我去一趟银行?

和訳　クレジットカードを作りたいのですが、今日の午後時間がありますか？一緒に銀行に行ってくれませんか？

例 正　解 [**✗**]

問題文　他喜欢看电视广告。

和　訳　彼はテレビCMを見るのが好きです。

放送内容　现在我很少看电视，其中一个原因是，广告太多了，不管什么时间，也不管什么节目，只要你打开电视，总能看到那么多的广告，浪费我的时间。

和訳　最近私は、あまりテレビを見ません。その理由の1つはCMが多すぎるからです。いつどの番組を見ても、ひとたびテレビのスイッチを入れればたくさんのCMが目に入ってきます。時間の無駄です。

放送内容　**现在开始第1题：**

和訳　ただ今から問1を始めます。

01 正 解 [✗]

問題文　他現在最羨慕记者。

和　訳　彼は今、記者という職業に最も憧れています。

放送内容　上高中时，我最想当记者，结果却考上了广告专业，而现在没有比当律师更让我羡慕的了。

和訳　私は高校生の時、将来なりたかった職業は記者でしたが、結果的に広告学専攻に入学しました。今では弁護士以上になりたいものがありません。

02 正 解 [✓]

問題文　他今天没有按时睡觉。

和　訳　彼は今日時間どおりに寝ませんでした。

放送内容　平时他不到九点就上床睡觉了，今天家里来了客人，聊到十点半才走，所以他也就晚睡了两个小时。

和訳　普段の彼は9時前に床に就きますが、今日はお客さんが家に来て10時半までおしゃべりしていたので、寝る時間が2時間遅くなりました。

03 正 解 [✓]

問題文　他们在中国认识了一些朋友。

和　訳　彼らは中国で数人の友人を得ました。

放送内容　毕业后，我们就要离开中国回到自己的国家了，但我们都不会忘记在中国的这段生活，更不会忘记老师和朋友们。

和訳　卒業後、我々は中国から離れて自分たちの国に戻ることになりますが、我々は中国で送った生活のこと、わけても先生や友人たちのことを決して忘れないでしょう。

04 正 解 [❌]

問題文 留学生没有表演节目。

和 訳 留学生は出し物を演じませんでした。

> 放送内容 十二月二十四日，我们学院组织留学生开了一个晚会。晚会上，大家表演了精彩的节目，还做了很多有趣的游戏，大家玩儿得都非常高兴。
>
> 和訳 12月24日、僕たちの学部は留学生を集めてパーティーを開催しました。パーティーでは、留学生みんなで素晴らしい出し物を演じたり、またたくさんのおもしろいゲームをしたりして、楽しく遊びました。

05 正 解 [❌]

問題文 他们家一共三口人。

和 訳 彼ら家族は合計3人です。

> 放送内容 我们全家每天都是六点半起床。我妻子每天早上七点一刻出门，送儿子和女儿上学，我七点半走。
>
> 和訳 私たち家族は毎日6時半に起床します。妻は毎朝7時15分に出かけ、息子と娘を学校まで送り、私は7時半に家を出ます。

06 正 解 [❌]

問題文 他和女儿去公园打羽毛球。

和 訳 彼と娘は公園にバドミントンをしに行きます。

> 放送内容 周六早上，我带着女儿到公园跑步，看到很多人在跳舞、做操、打羽毛球。
>
> 和訳 土曜日の朝、私は娘を連れて公園でジョギングをした時、多くの人がダンスをしたり、体操をしたり、バドミントンをしていたのを見ました。

07 正解 [✗]

問題文　玛丽这个暑假会去西藏旅游。

和　訳　メアリーは今年の夏休みにチベット旅行に行きます。

> 放送内容：玛丽昨天说暑假她不准备回国了，要跟我一起去西安，然后坐飞机去西藏。没想到刚过了一天她就改主意了，连回国的机票都买好了。

> 和訳：昨日、メアリーは夏休みは帰国しないで、私と一緒に西安に行き、それから飛行機でチベットに行くつもりと言いました。しかし1日しかたってないのに、考えが変わって、既に帰国のための航空券さえ買っていました。

08 正解 [✗]

問題文　他这几天自己做晚饭吃。

和　訳　彼はこの数日、自分で晩御飯を作って食べています。

> 放送内容：这几天天气太热了，我每天下班回家，第一件事就是关好门窗打开空调，再也不出去。晚饭都是打电话让人送饭过来。

> 和訳：この数日暑くて、私は毎日仕事から帰宅後、最初にすることは窓とドアを閉めてエアコンのスイッチを入れることです。それからもう外には出ません。晩御飯も電話で出前を頼みます。

09 正解 [✓]

問題文　他上中学时看过不少小说。

和　訳　彼は中学生の時、たくさんの小説を読みました。

> 放送内容：我读中学时，因为没有钱买书，每天下午都坐在书店的地板上一本一本地看那些不花钱的小说。

> 和訳：私は中学生の時、本を買うお金がなかったので、毎日午後に書店の床に座ってただで次から次へと小説を読んでいました。

| 10 | 正 解 [✓] |

問題文　北京的冬泳爱好者中有很多中老年人。

和　訳　北京の寒中水泳愛好者の多くが中高年です。

放送内容　冬泳是指冬季在室外自然水温下游泳。在北京，五十岁到六十五岁的中老年人占冬泳总人数的近一半。

和訳　寒中水泳とは冬に屋外で低い水温の下で行う水泳のことです。北京では、寒中水泳をしている総数の半分近くが50〜65歳の中高年です。

| 第4回 | 第二部分 | 問題 P.126 | 0402.mp3 |

放送内容：第二部分
一共15个题，每题听一次。例如：

和訳：第2部分
合計15問で、各問放送は1回のみです。例えば、

問題用紙：第11-25題：请选出正确答案。

和訳：問11～問25：正しい答えを選んでください。

例　正解 [D]

選択肢
A 去机场　　　　　B 快到了
C 油是满的　　　　D 有加油站

和訳
A 空港に行く　　　　　　　B まもなく到着する
C ガソリンが満タンだ　　　D ガソリンスタンドがある

放送内容：
女：该加油了，去机场的路上有加油站吗？
男：有，你放心吧。
问：男的主要是什么意思？

和訳：
女：そろそろ給油しなきゃ。空港に行く途中にガソリンスタンドはある？
男：あるよ、安心して。
問：男性の言葉は主にどういう意味ですか？

放送内容：现在开始第11题：

和訳：ただ今から問11を始めます。

11 正解 [B]

選択肢 A 三号楼　　B 四号楼　　C 五号楼　　D 六号楼

和 訳 A 3号棟　　B 4号棟　　C 5号棟　　D 6号棟

> 放送内容
> 男：王老师，您知道刘东老师家住在哪儿吗?
> 女：我只知道在四号楼，不是五零一室就是六零一室。
> 问：刘老师家在几号楼?

> 和訳
> 男：王先生、劉東先生のご自宅はどこかご存知でしょうか？
> 女：4号棟というだけは知っているけど、501号室だか601号室だかは分かりません。
> 問：劉先生の家は何号棟にありますか？

12 正解 [D]

選択肢 A 三十五度　　B 三十四度　　C 三十五度　　D 三十六度

和 訳 A 35度　　B 34度　　C 35度　　D 36度

＊選択肢に「35度」が2つあるが、原著のまま。

> 放送内容
> 女：太热了，今天比昨天还热。
> 男：可不是嘛! 昨天最高温度三十四度，今天比昨天又高了两度。
> 问：今天最高温度是多少?

> 和訳
> 女：暑すぎる、今日は昨日よりもっと暑いわ。
> 男：そのとおり！　昨日の最高気温は34度で、今日の気温は昨日よりもさらに2度高いからね。
> 問：今日の最高気温は何度ですか？

| 13 | 正 解 | **[C]** |

選択肢　A　冬天很冷　　B　秋天多雨　　C　春天多风　　D　夏天很热
和　訳　A　冬は寒い　　　　　　　　B　秋は雨が多い
　　　　C　春は風が強い　　　　　　D　夏は暑い

放送内容
男：你来这儿好几年了吧，习惯这边的气候了吗？
女：总的来说习惯了，这里春天多风，夏天比较湿润，但是秋冬有些干燥。
问：这里的气候怎么样？

和訳
男：君がここに来てから数年たつね、ここの気候には慣れた？
女：たいぶ慣れました。ここの春は風が強く、夏は割合湿度がありますが、秋と冬はやや乾燥していますね。
問：ここの気候はどうですか？

| 14 | 正 解 | **[C]** |

選択肢　A　让他想一想　　　　　　B　他不记得了
　　　　C　他确实不认识　　　　　D　他开了个玩笑
和　訳　A　彼に考えさせる　　　　B　彼は覚えていない
　　　　C　彼は確かに知らない　　D　彼は冗談を言った

放送内容
女：你真的不认识照片上的这个人吗？
男：我什么时候骗过你？
问：男的是什么意思？

和訳
女：あなた本当に、この写真の人は知らないの？
男：僕がいつ君をだましたことがある？
問：男性の言葉の意味は何ですか？

| 15 | 正 解 | **[A]** |

選択肢　A　报纸　　　B　电影　　　C　小说　　　D　电视剧
和　訳　A　新聞　　　B　映画　　　C　小説　　　D　テレビドラマ

放送内容
男：你对什么更感兴趣？电影还是电视剧？
女：这两个我都没什么兴趣，没事的时候我喜欢看看报纸，偶尔也读读小说。
问：女的对什么最感兴趣？

和訳
男：もっと興味があるものは何？　映画それともテレビドラマ？
女：両方とも興味がないわ。暇な時に新聞を読むのが好きね、たまには小説も読むけど。
問：女性は何に最も興味がありますか？

16 正 解 [C]

選択肢　A　两个地方都好　　　　　B　还是那儿更好
　　　　C　这儿条件更好　　　　　D　不知道哪儿好

和　訳　A　両方ともいい　　　　　B　やはりあそこがもっといい
　　　　C　ここの環境がもっといい　D　どちらがいいか分からない

放送内容
女：看来这儿的学习条件确实比那儿好。
男：那还用说!
问：男的是什么意思?

和訳
女：ここの学習環境はあそこよりも確かによさそうね。
男：それは言うまでもないことだ!
問：男性の言葉の意味は何ですか?

17 正 解 [A]

選択肢　A　两个　　　B　三个　　　C　五个　　　D　七个

和　訳　A　2つ　　　 B　3つ　　　 C　5つ　　　 D　7つ

放送内容
男：老师，您看我写的句子对吗?
女：前边的三个句子没问题，后边两个得改一下。
问：有几个句子是错的?

和訳
男：先生、僕が書いた文が正しいかどうか見てくれませんか?
女：前の3つの文は問題ないわ。後ろの2つは少し修正する必要があるわね。
問：いくつの文が間違っていますか?

| 18 | 正 解 [C] |

選択肢　A　书店　　　　　　　　　B　超市
　　　　C　饭馆　　　　　　　　　D　水果店

和　訳　A　本屋　　　　　　　　　B　スーパーマーケット
　　　　C　レストラン　　　　　　D　果物屋

放送内容
女：先生，现在点菜吗？
男：我们先看看，等一会儿再告诉你。
问：他们最可能在哪儿？

和訳
女：お客様、ご注文はよろしいでしょうか？
男：まず先にメニューを見てから注文します。
問：彼らはどこにいると思われますか？

| 19 | 正 解 [D] |

選択肢　A　写信　　　　　　　　　B　买菜
　　　　C　找人　　　　　　　　　D　寄信

和　訳　A　手紙を書く　　　　　　B　食料品を買う
　　　　C　人を探す　　　　　　　D　手紙を出す

放送内容
男：我去市场买点儿菜，一会儿就回来。
女：那你顺便把我写给小李的信寄走吧！
问：女的请男的做什么？

和訳
男：市場まで食料品を買いに行ってくるね。すぐ戻ってくるよ。
女：それじゃ、ついでに李さんへの手紙を投函して！
問：女性が男性に頼んだことは何ですか？

20 正解 [C]

選択肢 A 跳舞　　　　　　　　　　B 唱歌
　　　　　C 照相　　　　　　　　　　D 聊天

和 訳　A ダンスをしている　　　　B 歌を歌っている
　　　　　C 写真を撮っている　　　　D おしゃべりをしている

放送内容
女：站好了，一、二、三，笑……
男：对不起，我没准备好，再来一张吧！
问：他们在干什么？

和訳
女：ちゃんと立って、1、2、3、笑って…。
男：すみません、まだ準備ができていなかったので、もう一回お願いします！
問：彼らは今、何をしていますか？

21 正解 [A]

選択肢 A 他们是夫妻　　　　　　　B 女的生日到了
　　　　　C 女的今天结婚　　　　　　D 男的今天结婚

和 訳　A 彼らは夫婦だ　　　　　　B 女性の誕生日がきた
　　　　　C 女性は今日結婚する　　　D 男性は今日結婚する

放送内容
男：这里环境真不错。
女：是啊。咱们结婚后就很少来这样的地方吃饭了，今年我过生日的时候，咱们再来一次吧！
问：根据对话，可以知道什么？

和訳
男：ここの雰囲気は本当にいいね。
女：そうね。私たち結婚してからこういった場所で食事したこと、あまりないよね。今年の私の誕生日の時、もう一回ここに来ようよ！
問：この会話から分かることは何ですか？

22 正解 [**D**]

選択肢　A　考虑买灯　　　　　　　　B　灯可以打折
　　　　C　灯不算漂亮　　　　　　　D　这些灯太贵

和　訳　A　照明器具を買うのを考えている
　　　　B　照明器具は割引できる
　　　　C　照明器具はきれいとはいえない
　　　　D　これらの照明器具は値段が高すぎる

> 放送内容
> 女：你看，这里卖的灯多漂亮啊!
> 男：是挺漂亮的，就是贵了些，要是打五折我才会考虑买一个回去。
> 问：男的是什么意思?
>
> 和訳
> 女：ほら見て、ここで売っている照明器具、すごくきれいよ！
> 男：確かにきれいだ、でもちょっと高いな。5割引きならば1つ買うのを考えてもいいけど。
> 問：男性の言葉の意味は何ですか？

23 正解 [**B**]

選択肢　A　她不会来的　　　　　　　B　她肯定会来
　　　　C　她来不了了　　　　　　　D　她不太想来

和　訳　A　彼女は来ないだろう　　　　B　彼女はきっと来る
　　　　C　彼女は来られなくなった　　D　彼女はあまり来たくない

> 放送内容
> 男：今天下这么大的雪，我还以为你不来了呢。
> 女：怎么会呢?
> 问：女的是什么意思?
>
> 和訳
> 男：今日はこんなにたくさん雪が降っているから、君は来ないと思ったよ。
> 女：そんなわけないでしょう？
> 問：女性の言葉の意味は何ですか？

| 24 | 正解 [B] |

選択肢　A 三月　　　　　　　　B 五月
　　　　C 八月　　　　　　　　D 十月

和　訳　A 3月　　　　　　　　B 5月
　　　　C 8月　　　　　　　　D 10月

放送内容
女：你不是应该再学习三个月才回国吗?
男：公司有一些事情要我回去办，等不到八月了，其实我很想留下来继续学习。
问：现在最可能是几月?

和訳
女：あなたはあと3カ月勉強してから帰国するんじゃなかった？
男：会社の事情で8月までは無理で、今、戻らなければならないのさ。実は、僕はここに残って勉強したかったけどね。
問：今は何月と思われますか？

| 25 | 正解 [D] |

選択肢　A 男的不喜欢　　　　　B 是男的买的
　　　　C 是女的买的　　　　　D 女的很喜欢

和　訳　A 男性は好きではない　B 男性が買った
　　　　C 女性が買った　　　　D 女性は好きだ

放送内容
男：这本书真的很不错。
女：那当然，这是我等了半个多月才从图书馆借到的。
问：关于这本书，可以知道什么?

和訳
男：この本は本当にいい。
女：それは当然よ。私が半月以上待ってやっと図書館から借りた本なのだから。
問：この本について分かることは何ですか？

| 第4回 | 第三部分 | 問題 P.128 | 0403.mp3 |

放送内容 第三部分
一共20个题，每题听一次。例如：

和訳 第3部分
合計20問で、各問放送は1回のみです。例えば、

問題用紙 第26-45题：请选出正确答案。

和訳 問26 ～問45：正しい答えを選んでください。

例 正解 [C]

選択肢　A 两点　　　B 3点　　　C 3：30　　　D 6点
和　訳　A 2時　　　B 3時　　　C 3時半　　　D 6時

放送内容
男：把这个文件复印五份，一会儿拿到会议室发给大家。
女：好的。会议是下午三点吗？
男：改了。三点半，推迟了半个小时。
女：好，六零二会议室没变吧？
男：对，没变。
问：会议几点开始？

和訳
男：この書類を5部コピーして、後で会議室に行って皆さんに配布してください。
女：かしこまりました。会議は午後3時ですか？
男：いいえ、3時半に変更しました。30分遅らせます。
女：分かりました。602会議室で変わりはないですね？
男：はい、変更はないです。
問：会議は何時に始まりますか？

放送内容 现在开始第26题：

和訳 ただ今から問26を始めます。

| 26 | 正 解 [B] |

選択肢　A　教室　　　　　　　　　　B　洗手间
　　　　C　会议室　　　　　　　　　D　经理办公室

和　訳　A　教室　　　　　　　　　　B　お手洗い
　　　　C　会議室　　　　　　　　　D　マネジャーの事務室

放送内容
女：我的手表不见了。
男：刚才开会我还见你戴着呢。你中间去哪儿了？
女：我去了趟洗手间。哎呀，一定是忘在那里了。
男：快去找找吧，我跟经理说一声，等你一下。
问：手表最可能在哪儿？

和訳
女：私の腕時計が見つからないわ。
男：さっきの会議で、君が時計をしていたのを見たよ。君、途中にどこに行った？
女：お手洗いに行った。ああ！　きっとそこで忘れたに違いないわ！
男：早く行って探してきては。僕がマネジャーに君が戻るまで待っていて、と伝えておくから。
問：腕時計はどこにあると思われますか？

| 27 | 正 解 [A] |

選択肢　A　经常迟到　　　　　　　　B　工作完不成
　　　　C　身体不太好　　　　　　　D　一说话就害羞

和　訳　A　いつも遅刻すること　　　B　仕事を終えることができないこと
　　　　C　体調があまりよくないこと　D　話すとすぐに恥ずかしがること

放送内容
男：今天下午一点半有个会，可别再迟到啊！
女：我知道，放心吧，经理。
男：我不放心才提醒你的。
女：总迟到我自己也不好意思，从今以后再也不会了。
问：经理对女的哪点不放心？

和訳
男：今日の午後1時半に会議があるから、もう遅刻しないでね。
女：分かりました、ご安心ください、マネジャー。
男：不安だったから君に言ったんだ。
女：いつも遅れて申し訳ございません、今後は決してそのようなことがないようにします。
問：マネジャーは女性のどこに対して不安なのですか？

28 正解 [C]

選択肢 A 不満意 B 很生气
C 不理解 D 很抱歉

和 訳 A 不満 B 怒り
C 理解できない D 申し訳なく思う

放送内容
女：你新买的西服? 穿着挺精神的。
男：谢谢。这是我妻子昨天刚给我买的。
女：买衣服你都不一起去呀?
男：我哪有时间呀?
问：女的对男的不一起去买衣服感到怎么样?

和訳
女：新しく買ったスーツ？ かっこいいね。
男：ありがとう。これは妻が昨日僕に買ってくれたものなんだ。
女：あなたの服を買うのに、あなたは一緒に行かなかったの？
男：僕にそんな時間ある？
問：男性が妻と一緒に服を買いに行かなかったことについて、女性はどう感じていますか？

29 正解 [D]

選択肢 A 离家远 B 学费太高
C 要求太多 D 招的学生少

和 訳 A 家から遠いから
B 学費が高いから
C 要求が多すぎるから
D 募集している生徒数が少ないから

放送内容
男：现在好学校太难进了，每年都只招那么两个。
女：是啊，我为儿子跑了好几个学校，都招满了，最后好不容易才进了第二中学。
男：那我也去第二中学试试。
女：别去了，我们是最后一个。
问：好学校为什么难进？

和訳
男：今、いい学校に入学するのはとても難しい。毎年こんなに少ない人数しか募集しないので。
女：そうね。私は息子のために多くの学校を駆けずりまわったけど、どこも定員に達していたので既に募集停止だったわ。最後にやっと第二中学校への入学が認められたけど。
男：それじゃ、僕も第二中学校へ行ってみよう。
女：いや、無理だわ、そこは私たちが最後の1つだったから。
問：いい学校は、どうして入学しにくいのですか？

30 正 解 [D]

選択肢　A 支持　　　B 重視　　　C 尊重　　　D 不满意
和　訳　A 支持　　　B 重視　　　C 尊重　　　D 不満

放送内容
女：咱们周末去爬长城吧！
男：我可能还得加班，需要准备一下下周开会的材料。
女：加班，加班，一到周末你就加班！
男：对不起，以后有时间我一定陪你爬一次长城！
问：女的对男的加班是什么态度？

和訳
女：私たち週末に万里の長城に行こうよ！
男：僕はたぶん出勤しなくちゃいけない、来週の会議の資料を用意しなくてはいけないから。
女：仕事、仕事、月曜から週末まで全部仕事！
男：ごめん、今後は時間があれば必ず一緒に万里の長城に行くから。
問：女性は男性の週末出勤に対して、どんな態度ですか？

31 正 解 [A]

選択肢　A 关心　　　　　　　　B 客气
　　　　C 满意　　　　　　　　D 放心
和　訳　A 気に掛けている　　　B 遠慮している
　　　　C 満足している　　　　D 安心している

放送内容
男：明天去旅游，我给你买了面包、牛奶、苹果、巧克力……
女：这么多呀！包里都放不下了。
男：旅游是件高兴的事，但也很辛苦，多带点儿吃的，别饿着。
女：您真是我的好爸爸！
问：爸爸对女儿怎么样？

和訳
男：明日は旅行に行くから、君にパン、牛乳、果物、チョコレートなどを買ったよ。
女：こんなに多く！　荷物に入りきらないよ。
男：旅行は楽しいことだ。でもきついから、お腹がすかないように多めに食べ物を持っていこう。
女：パパ本当に大好き！
問：父は娘に対してどうですか？

| 32 | 正 解 [D] |

選択肢　A　女的没上大学　　　　　B　女的要找工作
　　　　C　男的没有时间　　　　　D　男的没有工作

和　訳　A　女性は大学に行っていない　B　女性は仕事を探そうとしている
　　　　C　男性は時間がない　　　　　D　男性は仕事がない

放送内容
女：我现在就是没时间，有时间一定去旅游，到处走一走，看一看。
男：我倒是有时间，可没钱呀！
女：你说你这么大的人了，也不说找点儿事干！
男：谁要我呀？我又没上过大学。
问：根据对话，可以知道什么？

和訳
女：私は今、時間がないの。もしあれば必ず旅行でいろんなところを見て回るのだけど。
男：僕は時間はあるけど、お金がないんだ！
女：あなたは、もう大人なのだから、仕事を見つけないといけないよ！
男：僕がどこの会社に受かるっていうんだよ。僕は大学も行っていないのに。
問：この会話から分かることは何ですか？

| 33 | 正 解 [C] |

選択肢　A　包里　　　　B　口袋里　　　C　书下面　　　D　桌子上

和　訳　A　バッグの中　B　ポケットの中　C　本の下　　　D　机の上

放送内容
男：我刚才还看见车钥匙来着，怎么现在找不着了？
女：不会放在包里了吧？
男：包里、口袋里、桌子上我都找过了，没有啊！
女：这不在这儿嘛，压在书下面了。
问：钥匙在哪儿找到的？

和訳
男：さっき車の鍵を見たのに、今はどうして見当たらないんだ？
女：バッグに入れたんじゃない？
男：バッグ、ポケットの中、机の上、全部探したけど、ないよ！
女：ここにあるじゃない、本の下に。
問：鍵はどこで見つけましたか？

| 34 | 正 解 [A] |

選択肢　A　大街上　　　　　　　B　停车场
　　　　C　加油站　　　　　　　D　汽车站

和　訳　A　道路上　　　　　　　B　駐車場
　　　　C　ガソリンスタンド　　D　バス乗り場

放送内容
女：你怎么开车的? 撞着我的车了!
男：你怎么能随便停车呢?
女：前面是红灯，我不停车行吗?
男：啊，对不起，我没注意。
问：他们最可能在哪儿?

和訳
女：あなた、どういう運転しているの？　私の車にぶつかったじゃない！
男：お宅はどうして勝手に停車しているの？
女：前方は赤信号だから、止まらなくてはいけないんじゃないの？
男：あ、すみません、私の不注意です。
問：彼らはどこにいると思われますか？

| 35 | 正 解 [C] |

選択肢　A　饭馆　　　　　　　　B　超市
　　　　C　男的家　　　　　　　D　女的家

和　訳　A　レストラン　　　　　B　スーパーマーケット
　　　　C　男性の家　　　　　　D　女性の家

放送内容
男：小王，来，尝尝我做的红烧鱼。
女：没想到你还有这两下子！
男：你难得到我家来一趟，多吃点儿!
女：味道真不错! 比饭馆做的还好吃。
问：他们最可能在哪儿?

和訳
男：王さん、来て、僕が作った魚の醤油煮、食べてみて。
女：あなたにこんな腕前があるなんて、思いもよらなかった。
男：せっかく僕の家に来たのだから、たくさん食べてよ！
女：いい味だわ！　レストランよりも美味しい。
問：彼らはどこにいると思われますか？

| 放送内容 | 第36到37题是根据下面一段话：
王鹏在北京时是一名中学老师。去年到了广州，先是在一家电视台当记者；四个月后换了工作，到了一家广告公司，工资很高；但没干多久，他又换到了一家高新技术公司。他说他想试试不同的工作，哪儿能为自己的发展提供最好的条件就留在哪儿。|
|---|---|
| 和訳 | 問36～問37までは以下の話から出題されます。
王鵬さんは北京にいた時、中学校の教師をしていました。昨年広州に行ってからは、まずテレビ局の記者の仕事をし、4カ月後には広告会社に転職して給料が高くなりました。しかし、しばらく働いたのちに、ハイテク産業の会社にまた転職しました。彼はいろんな仕事を試してから、自分の成長のために最もいい条件を提供してくれる会社に残りたいと言いました。|

36 正解 [C]

選択肢　A　两份　　　　　　　B　三份
　　　　C　四份　　　　　　　D　五份

和　訳　A　2つ　　　　　　　B　3つ
　　　　C　4つ　　　　　　　D　5つ

放送内容	王鹏做过几份工作？
和訳	王鵬さんはいくつ仕事を経験しましたか？

| 37 | 正　解 [**D**] |

選択肢　A　工资比较高　　　　　　B　离家比较近
　　　　C　工作环境好　　　　　　D　能得到发展

和　訳　A　給料が割と高いこと　　B　家から割と近いこと
　　　　C　仕事環境がいいこと　　D　自分が成長できること

> 放送内容　王鹏选择工作的标准是什么?
>
> 和訳　王鵬さんが選んだ仕事の基準は何ですか?

> 放送内容 第38到39题是根据下面一段话：
> 世界上最爱请客吃饭的大概就是中国人了。中国人请客吃饭时会为客人准备最好的饭菜。主人先陪客人喝酒，有啤酒、白酒、葡萄酒什么的，还有一些下酒的凉菜，然后再上热菜、主食，最后上汤。饭后还要喝点儿茶或吃点儿水果。
>
> 和訳 問38～問39までは以下の話から出題されます。
> 世界中で料理をふるまうのが最も好きなのは、おそらく中国人でしょう。中国人が料理をふるまう時、お客さんにとって一番いい料理を用意します。招待者の主人はお客さんに、まずビール、白酒、ワインなどを勧め、それからお酒のつまみとして前菜、そして温かい料理や主食、最後にスープを提供します。食後にはお茶や果物なども提供します。

38 正解 [B]

選択肢　A 茶　　　　　　　　B 牛奶
　　　　C 啤酒　　　　　　　D 葡萄酒

和　訳　A お茶　　　　　　　B 牛乳
　　　　C ビール　　　　　　D ワイン

> 放送内容 请客时喝的东西不包括哪个？
>
> 和訳 お客さんに料理をもてなすもので含まれていないものはどれですか？

39 正解 [D]

選択肢　A 喝酒前　　　　　　　　　B 喝酒时
　　　　C 上热菜时　　　　　　　　D 吃完饭后

和　訳　A お酒を飲む前　　　　　　B お酒を飲んでいる時
　　　　C 温かい料理をもってくる時　D 食後

放送内容　中国人请客时，什么时候吃水果?

和訳　中国人がお客さんを招く時、いつ果物を食べますか？

> 放送内容 第40到41题是根据下面一段话：
> 为了帮助大家顺利通过考试，从下星期开始每周增加两节汉语课。时间是每个星期三、星期四下午两点半到四点半，地点是教学楼的一零一教室。大家可以根据自己的需要选择参加。欢迎大家报名。
>
> 和訳 問40～問41までは以下の話から出題されます。
> 皆さんが無事に試験に合格できるよう、来週から中国語のレッスンを毎週2コマ増やします。時間は水曜日、木曜日の午後2時半から4時半、場所は教学棟の101教室です。必要な方はぜひ参加してください。皆さんの申し込みをお待ちしております。

40 正解 [B]

選択肢　A 一个小时　　　　　B 两个小时
　　　　C 一个半小时　　　　D 两个半小时

和　訳　A 1時間　　　　　　B 2時間
　　　　C 1時間半　　　　　D 2時間半

> 放送内容 新增加的课每节多长时间？
>
> 和訳 新たに増やしたレッスンは1コマどのくらいの時間ですか？

| 41 | 正 解 [D] |

選択肢 A 周二有新课　　　　　　　B 这周开新课
　　　　C 新课每周四节　　　　　D 新课需要报名

和 訳 A 火曜日に新しいレッスンがある
　　　　B 今週新しいレッスンが始まる
　　　　C 新しいレッスンは毎週4コマある
　　　　D 新しいレッスンは申し込む必要がある

放送内容 根据这段话，可以知道什么?

和訳 この話から分かることは何ですか？

| 放送内容 | 第42到43题是根据下面一段话：
一天下来，我们一共搬了二百个箱子，赚到了五十元钱。我连走路的力气都没有了。妈妈背着我来到水果店，问我喜欢吃苹果还是香蕉，我说都喜欢。妈妈就买了十元钱的苹果，二十元钱的香蕉。 |
| --- | --- |
| 和訳 | 問42～問43までは以下の話から出題されます。
1日で、私たちは合計200個の箱を運び、50元稼ぎました。もう歩く力さえもなくなっていました。お母さんは私をおぶって果物屋へ行き、私に食べたい果物はリンゴか、それともバナナかと聞いたので、私はどれも好きだ、と答えました。すると、お母さんは10元分のリンゴ、20元分のバナナを買いました。 |

42 正 解 [A]

選択肢　A　非常累　　　　　　　B　非常渴
　　　　C　手很疼　　　　　　　D　想吃水果

和　訳　A　とても疲れた　　　　B　とても喉が渇いた
　　　　C　手が痛い　　　　　　D　果物を食べたい

放送内容	搬了一天箱子，说话人感觉怎么样？
和訳	1日箱を運んだことについて、話し手はどう感じていますか？

| 43 | 正　解 [B] |

選択肢　A 十元　　　　　　B 二十元
　　　　C 三十元　　　　　D 五十元

和　訳　A 10元　　　　　　B 20元
　　　　C 30元　　　　　　D 50元

放送内容　买完水果，还剩下多少钱?

和訳　果物を買った後の残ったお金はいくらですか？

放送内容：第44到45题是根据下面一段话：
今天上课时，不知什么原因李老师没戴眼镜。我以为他看不清楚，于是当大家跟着他练习汉字时，我写起了上一节课的作业。就在我写到最后一道题时，突然听到李老师大声地说："玛丽！你到前面来写一下'抱歉'的'歉'字。"我一下子什么都想不起来了。

和訳：問44～問45までは以下の話から出題されます。
今日授業の時、どうしてだか分からないが李先生は眼鏡を掛けていませんでした。私は彼が見えにくいと思っていました。そこでみんなと先生が漢字の書き取りを練習している時、私は前の授業の宿題をやり始めました。私が最後の問題を解いている時、突然、李先生が大声で「メアリー！　君は前に出てきて『抱歉』の『歉』を書きなさい」と言いました。その時、私の頭は真っ白になりました。

44　正解 [B]

選択肢　A　数学课　　　B　汉字课　　　C　电脑课　　　D　体育课

和　訳　A　数学　　　　　　　　　B　漢字
　　　　C　コンピューター　　　　D　体育

放送内容：李老师在上什么课？

和訳：李先生は何の授業をしていますか？

158

| 45 | 正　解 [B] |

選択肢　A　戴上了眼镜　　　　　　B　没有戴眼镜
　　　　C　讲课声音大　　　　　　D　说话不清楚

和　訳　A　眼鏡を掛けた　　　　　B　眼鏡を掛けていない
　　　　C　授業時の声が大きい　　D　はっきり話さない

> 放送内容　李老师跟以前有什么不同?
>
> 和訳　李先生は以前とどう異なりますか？

放送内容　听力考试现在结束。

和訳　聴解試験はこれで終了です。

第4回

第5回

（五）听　力

第 一 部 分

第1-10题：判断对错。

例如：　我想去办个信用卡，今天下午你有时间吗？陪我去一趟银行？
　　　★ 他打算下午去银行。

（ ✓ ）

　　　现在我很少看电视，其中一个原因是，广告太多了，不管什么时间，也不管什么节目，只要你打开电视，总能看到那么多的广告，浪费我的时间。
　　　★ 他喜欢看电视广告。

（ ✗ ）

1. ★ 他每天开车去上班。　　　　　　　　　　　　　（　　）

2. ★ 运动时应该喝七到八杯水。　　　　　　　　　　（　　）

3. ★ 他很喜欢逛书店。　　　　　　　　　　　　　　（　　）

4. ★ "十一"结婚不发工资。　　　　　　　　　　　　（　　）

5. ★ 老人容易忘记别人的名字。　　　　　　　　　　（　　）

6. ★ 钟伯伯在小学工作。　　　　　　　　　　　　　（　　）

7. ★ 今天他二十岁了。　　　　　　　　　　　　　　（　　）

8. ★ 李梅跟她爸妈住在一起。　　　　　　　　（　　）

9. ★ 他反对把鸟关起来。　　　　　　　　　　（　　）

10. ★ 小琴不想结婚。　　　　　　　　　　　　（　　）

第二部分

第11-25题：请选出正确答案。

例如：女：该加油了，去机场的路上有加油站吗？
　　　男：有，你放心吧。
　　　问：男的主要是什么意思？
　　　A 去机场　　　B 快到了　　　C 油是满的　　　D 有加油站 ✓

11. A 洗完衣服去　　B 想明天再去　　C 没有时间去　　D 不知道去哪儿

12. A 7:45　　　　　B 8:00　　　　　C 8:15　　　　　D 8:45

13. A 打球　　　　　B 跳舞　　　　　C 散步　　　　　D 唱歌

14. A 同情　　　　　B 高兴　　　　　C 吃惊　　　　　D 不信任

15. A 学校　　　　　B 药店　　　　　C 医院　　　　　D 电影院

16. A 会回去的　　　B 不回去了　　　C 只去广州　　　D 先回老家

17. A 女的工作忙　　B 男的怕麻烦　　C 男的去接女的　D 女的没让男的接

18. A 去不去商店　　B 买不买衣服　　C 参加什么活动　D 参不参加考试

19. A 他们要去云南　B 他们要去海南　C 女的喜欢旅游　D 女的不想出去

20. A 种花　　　　　B 照相　　　　　C 演节目　　　　D 做广告

21. A 孩子喜欢去　　B 孩子很轻松　　C 不让孩子去了　D 小孩子都很累

22. A 医院　　　　B 药店　　　　C 果园　　　　D 森林

23. A 考场　　　　B 办公室　　　C 老师家　　　D 校长室

24. A 没小王努力　B 比小王来得晚　C 比小王干得好　D 应该先当经理

25. A 房间很干净　B 同屋不爱干净　C 地上不太干净　D 男的喜欢骗人

第 三 部 分

第26-45题：请选出正确答案。

例如：男：把这个文件复印五份，一会儿拿到会议室发给大家。
　　　女：好的。会议是下午三点吗？
　　　男：改了。三点半，推迟了半个小时。
　　　女：好，六零二会议室没变吧？
　　　男：对，没变。
　　　问：会议几点开始？
　　　A 两点　　　　　B 3点　　　　　C 3：30 ✓　　　D 6点

26. A 手受伤了　　　B 喜欢做饭　　　C 在医院工作　　　D 不想去医院

27. A 是个大学生　　B 脾气像孩子　　C 长得很年轻　　　D 比女的年龄小

28. A 食品　　　　　B 天气　　　　　C 旅游　　　　　　D 新闻

29. A 年龄　　　　　B 身高　　　　　C 性别　　　　　　D 专业

30. A 九十元　　　　B 四十元　　　　C 五十元　　　　　D 六十元

31. A 还没结婚　　　B 没有弟弟　　　C 没有父母　　　　D 没有朋友

32. A 2：00　　　　 B 2：30　　　　 C 3：00　　　　　 D 3：30

33. A 加班　　　　　B 回家　　　　　C 写小说　　　　　D 找经理

34. A 怕费电　　　　B 没有电　　　　C 空调坏了　　　　D 他们怕冷

35. A 参加考试　　　B 检查身体　　　C 在银行取钱　　　D 买完东西交钱

36. A 农村　　　　　B 小城市　　　　　C 大城市　　　　　D 西方国家
37. A 自行车太贵　　B 自行车不环保　　C 公共交通变差　　D 汽车越来越多
38. A 医院　　　　　B 机场　　　　　　C 京剧院　　　　　D 电影院
39. A 西门　　　　　B 东门　　　　　　C 南门　　　　　　D 北门
40. A 两个　　　　　B 三个　　　　　　C 四个　　　　　　D 七个
41. A 上课以前　　　B 放学以后　　　　C 放假以后　　　　D 每天早晨
42. A 2007年　　　　B 2008年　　　　　C 2009年　　　　　D 2011年
43. A 她有孩子了　　B 她是个学生　　　C 她已经工作了　　D 她经常来看我
44. A 宾馆太少了　　B 房价太贵了　　　C 不熟悉环境　　　D 住宾馆的人多
45. A 火车站　　　　B 学校里　　　　　C 亲戚家　　　　　D 自己家

第5回 第一部分　問題 P.162　0501.mp3

放送内容
大家好！欢迎参加HSK（四级）考试。
大家好！欢迎参加HSK（四级）考试。
大家好！欢迎参加HSK（四级）考试。
HSK（四级）听力考试分三部分，共45题。
请大家注意，听力考试现在开始。

和訳
こんにちは。HSK 4級テストへようこそ。
こんにちは。HSK 4級テストへようこそ。
こんにちは。HSK 4級テストへようこそ。
HSK（4級）聴解試験は3部分あり、合計45問です。
ただ今から聴解試験を始めます。注意して聞いてください。

放送内容
第一部分
一共10个题，每题听一次。例如：

和訳
第1部分
合計10問で、各問放送は1回のみです。例えば、

問題用紙
第1-10題：判断対錯。

和訳
問1～問10：文が正しいかどうかを判断しなさい。

例

正　解 [✔]

問題文　他打算下午去银行。

和　訳　彼は午後、銀行に行くつもりです。

放送内容
我想去办个信用卡，今天下午你有时间吗? 陪我去一趟银行?

和訳
クレジットカードを作りたいのですが、今日の午後時間がありますか？
一緒に銀行に行ってくれませんか？

| 例 | 正　解 [✗] |

問題文　他喜欢看电视广告。

和　訳　彼はテレビCMを見るのが好きです。

放送内容　现在我很少看电视，其中一个原因是，广告太多了，不管什么时间，也不管什么节目，只要你打开电视，总能看到那么多的广告，浪费我的时间。

和訳　最近私は、あまりテレビを見ません。その理由の1つはCMが多すぎるからです。いつどの番組を見ても、ひとたびテレビのスイッチを入れればたくさんのCMが目に入ってきます。時間の無駄です。

放送内容　**现在开始第1题：**

和訳　ただ今から問1を始めます。

169

01 正解 [✗]

問題文　他每天开车去上班。

和　訳　彼は毎日車を運転して会社に行きます。

> 放送内容：我家离公司不算太远，交通很方便，楼下就有个车站，不过一到天气不好或者车上人很多的时候，我就特别希望自己有辆车开。
>
> 和訳：私の家は会社からあまり遠くはなく、家の下にはバス停があるので便利です。しかし天気が悪い時あるいは車内に人が多いときは、自分で運転して行ける車がとても欲しくなります。

02 正解 [✗]

問題文　运动时应该喝七到八杯水。

和　訳　運動の時は7、8杯の水を飲むべきです。

> 放送内容：正常情况下，人每天至少要喝七到八杯水；运动量大或天气热时，身体需要的水量更多。早晨起床后喝一杯水对身体健康很有好处。
>
> 和訳：一般的に、人は毎日少なくても水を7、8杯飲みます。運動量が多いあるいは気温が高い時には、体はより水分を必要とします。朝の起床後の1杯の水は体の健康に多くのメリットがあります。

03 正解 [✓]

問題文　他很喜欢逛书店。

和　訳　彼は本屋を巡るのが好きです。

> 放送内容：对我来说买书的过程是很轻松、愉快的，我逛一小会儿商场就觉得累得不得了，但逛五六个小时书店也不觉得累。
>
> 和訳：私にとって本を買うまでの過程はとても楽しいひとときです。ショッピングセンター巡りは、ちょっとしただけでもとても疲れますが、本屋巡りは5、6時間かかっても疲れは感じません。

04 正 解 [✗]

問題文 "十一"结婚不发工资。

和 訳 「十一」期間の結婚には給料が出ません。

> 放送内容 毎年"十一"结婚的人都很多。对很多人来说，这是幸福的烦恼。如果身边有五六个朋友结婚，那么一个月的工资就没了。

> 和訳 毎年「十一（国慶節）」期間に結婚する人が多い。多くの人にとって、これは幸せな悩みです。もし周りの友人5、6人が結婚するなら、1カ月の給料はなくなってしまうからです。

05 正 解 [✓]

問題文 老人容易忘记别人的名字。

和 訳 お年寄りは他人の名前を忘れがちです。

> 放送内容 年龄大一点儿的人都会有这样的时候，一个熟悉的人名就在嘴边，却怎么也说不出来。

> 和訳 高齢者には、知人の名前が頭に浮かぶのに口から出てこないということが起こりえます。

06 正 解 [✓]

問題文 钟伯伯在小学工作。

和 訳 鐘おじさんは小学校で働いています。

> 放送内容 钟小帆是我妈妈一位老同学的女儿。在她来我家住之前，我从没见过她。我只见过钟伯伯，知道他是一所农村小学的校长。

> 和訳 鐘小帆さんは私のお母さんの同級生の娘さんです。彼女が私の家に住むまで、私は彼女と会ったことがありませんでした。私が会ったことがあるのは鐘おじさんだけで、おじさんについて知っていることは、ある農村の小学校の校長先生だということです。

07 正解 [✓]

問題文　今天他二十岁了。

和　訳　今日、彼は20歳になりました。

> 放送内容　今天我特别高兴，因为今天是我二十岁生日。晚上，几位好朋友给我开了一个生日晚会。
>
> 和訳　今日はとてもうれしい、それは今日僕は20歳の誕生日を迎えたからです。夜、友人たちが私のために誕生日パーティーを開いてくれました。

08 正解 [✗]

問題文　李梅跟她爸妈住在一起。

和　訳　**李梅さんは両親と一緒に暮らしています。**

> 放送内容　我的朋友李梅前几天打电话跟我说："现在我都不敢回爸妈那里了，每次回去都是满桌子饭菜，饭后还有各种水果，想想都替我妈觉得累。"
>
> 和訳　友人の李梅さんは、先日電話で私に「今、私は実家に帰りたくなくなった。というのは、帰るたびに、たくさんの料理を出し、また食後にはいろいろな果物も出してくるので、お母さんはとても疲れるに違いないから」と言っていました。

09 正解 [✓]

問題文　他反对把鸟关起来。

和　訳　彼は鳥を閉じ込めることに反対です。

> 放送内容　很多养鸟的人说自己爱鸟，我不同意这种说法。把鸟关起来，喂它们东西吃，并不是真的爱它们。鸟应该生活在大自然中，那里才是它们的家。
>
> 和訳　鳥を飼っている人の多くは、自ら鳥が好きだと言いますが、この言い方に私は賛成できません。鳥を閉じ込め、餌を与えることは本当の意味で鳥を愛していることにはならないからです。鳥は自然の中で生きるべきで、そここそが鳥たちのすむ所なのです。

| 10 | 正　解 [✗] |

問題文　小琴不想结婚。

和　訳　琴さんは結婚したくありません。

| 放送内容 | 小琴今年快三十岁了，还没有结婚。好多人都以为她并不着急，其实她正在为这件事烦恼呢。 |

| 和訳 | 琴さんはもうすぐ30歳になりますが、まだ結婚していません。多くの人は彼女が焦っていないと思っていましたが、実際、彼女はこのことについてとても悩んでいます。 |

第5回 第二部分　問題 P.164　0502.mp3

放送内容
第二部分
一共15个题，每题听一次。例如：

和訳
第2部分
合計15問で、各問放送は1回のみです。 例えば、

問題用紙
第11-25题：请选出正确答案。

和訳
問11～問25：正しい答えを選んでください。

例　正　解 [D]

選択肢　A　去机场　　　　　　　B　快到了
　　　　C　油是满的　　　　　　D　有加油站

和　訳　A　空港に行く　　　　　B　まもなく到着する
　　　　C　ガソリンが満タンだ　D　ガソリンスタンドがある

放送内容
女：该加油了，去机场的路上有加油站吗？
男：有，你放心吧。
问：男的主要是什么意思？

和訳
女：そろそろ給油しなきゃ。空港に行く途中にガソリンスタンドはある？
男：あるよ、安心して。
問：男性の言葉は主にどういう意味ですか？

放送内容
现在开始第11题：

和訳
ただ今から問11を始めます。

11 正解 [C]

選択肢　A　洗完衣服去　　　　　B　想明天再去
　　　　C　没有时间去　　　　　D　不知道去哪儿

和　訳　A　服を洗濯してから行く　B　明日また行きたい
　　　　C　行く時間がない　　　　D　どこに行くか分からない

放送内容
男：吃完饭咱们一起去散散步吧。
女：散什么步呀？还有很多衣服没洗呢。
问：女的是什么意思？

和訳
男：食後に一緒に散歩しようよ。
女：え！　散歩？　これからたくさん洗濯しなきゃいけないのに。
問：女性の言葉の意味は何ですか？

12 正解 [A]

選択肢　A　7：45　　B　8：00　　C　8：15　　D　8：45

和　訳　A　7：45　　B　8：00　　C　8：15　　D　8：45

放送内容
女：你怎么现在才来? 我都等了你半个小时了。
男：你不是说八点吗? 我还提前了十五分钟呢。
问：男的是什么时候来的?

和訳
女：あなた、どうして今ごろ来たの？　私はもう30分もあなたを待っていたのよ。
男：君、8時って言わなかった？　僕は予定の15分前に来たつもりだけど。
問：男性はいつ来ましたか？

| 13 | 正解 [C] |

選択肢　A 打球　　　B 跳舞　　　C 散步　　　D 唱歌
和　訳　A 球技をする　B ダンスをする　C 散歩する　D 歌を歌う

放送内容
男：你这是要去哪儿呀?
女：刚吃完饭，去公园里走一走。
问：女的打算做什么?

和訳
男：君、どこに行くの?
女：食べたばかりなので、ちょっと公園まで行って来るわ。
問：女性は何をするつもりですか?

| 14 | 正解 [D] |

選択肢　A 同情　　　B 高兴　　　C 吃惊　　　D 不信任
和　訳　A 同情　　　　　　　B うれしい
　　　　C 驚く　　　　　　　D 信用していない

放送内容
女：小赵说如果电脑有问题了，他会来帮忙的。
男：我看，他只会越帮越忙。
问：男的对小赵帮忙这件事是什么态度?

和訳
女：趙さんは、もしパソコンが壊れたら手伝うって言っていたわ。
男：彼が手伝えば手伝うほど、君は忙しくなるだけだよ。
問：男性は趙さんが手伝うことについて、どんな態度ですか?

| 15 | 正解 [C] |

選択肢　A 学校　　　B 药店　　　C 医院　　　D 电影院
和　訳　A 学校　　　B 薬局　　　C 病院　　　D 映画館

放送内容
男：妈妈，您好点儿了吗?
女：好多了，大夫说再检查检查，下星期就可以出院了。
问：他们最可能在哪儿?

和訳
男：お母さん、よくなった?
女：だいぶよくなったわ。今度検査して（よかったら）、来週には退院できるって、お医者さんが言っていたわ。
問：彼らはどこにいると思われますか?

16 正解 [A]

選択肢　A　会回去的　　　　　　　B　不回去了
　　　　C　只去广州　　　　　　　D　先回老家

和　訳　A　戻る　　　　　　　　　B　戻らなくなった
　　　　C　広州だけ行く　　　　　D　先に実家に戻る

放送内容
女：你的意思是不回老家了？
男：你理解错了，我是先去广州出差，然后从那儿回。
问：男的是什么意思？

和訳
女：あなたの意味は実家に戻らないっていうこと？
男：それは誤解だ。僕は出張で、まず広州に行き、それから実家に戻る、という意味だ。
問：男性の言葉の意味は何ですか？

17 正解 [D]

選択肢　A　女的工作忙　　　　　　B　男的怕麻烦
　　　　C　男的去接女的　　　　　D　女的没让男的接

和　訳　A　女性の仕事が忙しい　　B　男性は面倒なことが嫌いだ
　　　　C　男性は女性を迎えに行く　D　女性は男性に迎えに来させない

放送内容
男：你回来怎么不先给我打个电话？我好去接你啊。
女：你那么忙，我不想麻烦你。
问：根据对话，可以知道什么？

和訳
男：君が戻ってくるとどうして先に僕に電話してくれなかったの？　迎えに行きたかったのに。
女：あなたがそんなに忙しいから、面倒をかけたくなかったのよ。
問：この会話から分かることは何ですか？

| 18 | 正 解 [B] |

選択肢　A　去不去商店　　　　　　　B　买不买衣服
　　　　C　参加什么活动　　　　　　D　参不参加考试

和　訳　A　商店に行くかどうかについて
　　　　B　服を買うかどうかについて
　　　　C　何のイベントに参加するのかについて
　　　　D　受験するかどうかについて

放送内容
女：既然来了，就买一件吧。我看这件不错，你试试吧。
男：我的衣服太多了，再说现在也没什么重要的活动要参加，就不试了吧。
问：他们在谈论什么？

和訳
女：来たからには、1着買おう。この服はいいと思うよ、あなた、着てみたら。
男：僕の服は多すぎるよ、それに今は大して重要なイベントに参加もしないから、いらないよ。
問：彼らは何について話していますか？

| 19 | 正 解 [C] |

選択肢　A　他们要去云南　　　　　　B　他们要去海南
　　　　C　女的喜欢旅游　　　　　　D　女的不想出去

和　訳　A　彼らは雲南に行くつもりだ　　B　彼らは海南に行くつもりだ
　　　　C　女性は旅行が好きだ　　　　　D　女性は出かけたくない

放送内容
男：你说咱们是去云南旅游好呢，还是去海南？
女：去哪儿都行，只要是去旅游我就高兴。
问：根据对话，可以知道什么？

和訳
男：僕たち雲南旅行がいい、それとも海南？
女：どちらでもいいわ。旅行に行くだけで私はうれしいのだから。
問：この会話から分かることは何ですか？

20　正解 [B]

選択肢　A　种花　　　　　　　　B　照相
　　　　C　演节目　　　　　　　D　做广告

和　訳　A　花を植えている　　　　B　写真を撮っている
　　　　C　出し物を演じている　　D　広告を制作している

放送内容
女：你看这儿的花开得多漂亮啊！来，你站这儿，我给你照一张。
男：你注意点儿，别把旁边的广告牌照上。
问：他们在做什么？

和訳
女：見て！ここの花、とてもきれいだと思わない？　さあ、あなたここに立って。私が写真を撮ってあげるから。
男：横の看板が入らないように、注意して。
問：彼らは何をしていますか？

21　正解 [D]

選択肢　A　孩子喜欢去　　　　　B　孩子很轻松
　　　　C　不让孩子去了　　　　D　小孩子都很累

和　訳　A　子供は行くのが好きだ　　B　子供は気楽である
　　　　C　子供を行かせなくなる　　D　子供はみんな疲れている

放送内容
男：这么小的孩子天天不是参加这个班就是参加那个班，多累呀！
女：也不是只有咱们孩子这样。
问：女的是什么意思？

和訳
男：こんなに小さい子が毎日この教室へ行ったり、あの教室に行ったりで、すごく大変だ！
女：でも、どの子もそうやっているよ。
問：女性の言葉の意味は何ですか？

22 正 解 [C]

選択肢　A　医院　　　　　　　　　B　药店
　　　　C　果园　　　　　　　　　D　森林

和　訳　A　病院　　　　　　　　　B　薬局
　　　　C　果樹園　　　　　　　　D　森の中

放送内容
女：今年雨水较多，看这些苹果树，长得多好！
男：你仔细看，好像有虫子，得注意打虫啊！
问：他们最可能在哪儿？

和訳
女：今年は雨量が比較的多いので、このリンゴの木は成長がとても早いね！
男：よく見てよ。虫がいるみたい、しっかり駆除しないといけないよ！
問：彼らはどこにいると思われますか？

23 正 解 [A]

選択肢　A　考场　　　　　　　　　B　办公室
　　　　C　老师家　　　　　　　　D　校长室

和　訳　A　試験会場　　　　　　　B　事務室
　　　　C　先生の家　　　　　　　D　校長室

放送内容
男：老师，我可以走了吗？
女：如果答完了，把考题和答题纸在桌子上放好，带好自己的东西，就可以走了。
问：他们最可能在哪儿？

和訳
男：先生、もう出てもいいですか？
女：全部解答したら、試験問題と解答用紙を机の上に置いて、自分の持ち物を持って退室してもいいです。
問：彼らはどこにいると思われますか？

24 正解 [A]

選択肢　A　没小王努力　　　　　B　比小王来得晩
　　　　C　比小王干得好　　　　D　应该先当经理

和　訳　A　王君ほど努力していない　　B　王君より遅く来た
　　　　C　王君よりよくやった　　　　D　先にマネジャーになるべきだ

放送内容
女：没想到，小王比我晚来三年，现在都当上经理了。
男：你如果能像小王那样努力，当经理的就不是小王了。
问：男的认为女的怎么样？

和訳
女：全く想像もできなかったわ。王君は私よりも3年後に来たのに、今ではマネジャーになったなんて。
男：君が、もし王君のように努力していたならば、マネジャーになるのは王君ではなかっただろうに。
問：男性は女性をどう思っていますか？

25 正解 [C]

選択肢　A　房间很干净　　　　　B　同屋不爱干净
　　　　C　地上不太干净　　　　D　男的喜欢骗人

和　訳　A　部屋がきれい
　　　　B　ルームメートはきれい好きではない
　　　　C　床があまりきれいではない
　　　　D　男性は人をだますのが好きだ

放送内容
男：你们的房间真干净呀，看来是花了时间收拾的。
女：这还干净啊！你看这地，我早上刚擦完，不知是谁又给弄脏了。
问：女的是什么意思？

和訳
男：君たちの部屋は本当にきれいだ。時間をかけて片づけたようだね。
女：どこがきれいなの！　この床を見てよ、今朝拭いたばかりなのに、もう誰かに汚されたわ。
問：女性の言葉の意味は何ですか？

| 第 5 回 | 第三部分 | 問題 P.166 | 0503.mp3 |

放送内容 第三部分
一共20个题，每题听一次。例如：

和訳 第3部分
合計20問で、各問放送は1回のみです。例えば、

問題用紙 第26-45题：请选出正确答案。

和訳 問26～問45：正しい答えを選んでください。

例　正解 [C]

選択肢　A　两点　　　B　3点　　　C　3:30　　　D　6点

和　訳　A　2時　　　B　3時　　　C　3時半　　　D　6時

放送内容
男：把这个文件复印五份，一会儿拿到会议室发给大家。
女：好的。会议是下午三点吗？
男：改了。三点半，推迟了半个小时。
女：好，六零二会议室没变吧？
男：对，没变。
问：会议几点开始？

和訳
男：この書類を5部コピーして、後で会議室に行って皆さんに配布してください。
女：かしこまりました。会議は午後3時ですか？
男：いいえ、3時半に変更しました。30分遅らせます。
女：分かりました。602会議室で変わりはないですね？
男：はい、変更はないです。
問：会議は何時に始まりますか？

放送内容 现在开始第26题：

和訳 ただ今から問26を始めます。

| 26 | 正 解 [A] |

選択肢　A　手受伤了　　　　　　　　B　喜欢做饭
　　　　C　在医院工作　　　　　　　D　不想去医院

和　訳　A　手をけがした　　　　　　B　料理するのが好き
　　　　C　病院で仕事している　　　D　病院に行きたくない

放送内容
女：你的手怎么了？
男：昨天做菜不小心弄伤了，没事的。
女：看起来很严重啊，我陪你去医院吧。
男：好。
问：关于男的，可以知道什么？

和訳
女：手どうしたの？
男：昨日、料理をしている時にけがしてしまって、大丈夫だけどね。
女：かなりひどいみたいだから、病院に行きましょうよ。
男：うん。
問：男性について分かることは何ですか？

| 27 | 正 解 [C] |

選択肢　A　是个大学生　　　　　　　B　脾气像孩子
　　　　C　长得很年轻　　　　　　　D　比女的年龄小

和　訳　A　大学生だ　　　　　　　　B　子供のような性格
　　　　C　若く見える　　　　　　　D　女性より若い

放送内容
男：你男朋友比你小吧？
女：哪儿呀，他比我大两岁呢。
男：可是，你男朋友看起来就像个大学生。
女：是啊，他就是看着小，实际上他都三十多了。
问：关于女的的男朋友，可以知道什么？

和訳
男：君の彼氏、君より年下だよね？
女：違うよ。私より2歳上。
男：でも、君の彼氏見たところ大学生のようだ。
女：うん、確かに彼は若く見えるけど、実はもう30過ぎなの。
問：女性の彼氏について分かることは何ですか？

183

| 28 | 正 解 | [B] |

選択肢　A　食品　　　　　　　　　B　天气
　　　　C　旅游　　　　　　　　　D　新闻

和　訳　A　食品について　　　　　B　天気について
　　　　C　旅行について　　　　　D　ニュースについて

放送内容
女：刚才广播里说明天中午有雨。
男：太好了！这几天快热死我了。
女：是啊，再不下雨真受不了了。
男：希望下完雨会凉快些。
问：他们在谈论什么？

和訳
女：たった今放送で言っていたけど、明日の昼は雨が降るって。
男：よかった！　この数日暑くてたまらないよ。
女：そうね。このまま雨が降らなかったらもう耐えられないわ。
男：雨が降った後、涼しくなるといいね。
問：彼らは何について話していますか？

| 29 | 正 解 | [D] |

選択肢　A　年龄　　　B　身高　　　C　性别　　　D　专业

和　訳　A　年齢　　　B　身長　　　C　性別　　　D　専攻

放送内容
男：我今年二十五岁，广告专业毕业，不知道贵公司招不招人？
女：招人，但我们需要英语专业的。
男：我的英语很好的。
女：对不起，我们需要的是专业的英语翻译。
问：男的哪方面不符合要求？

和訳
男：私は今年25歳になります。広告学専攻卒業です。御社では社員募集を行っているでしょうか？
女：募集はしていますが、弊社が必要としているのは英語専攻の方です。
男：私の英語力もいいですけど。
女：申し訳ございません、弊社が必要としているのは専門的な英語翻訳なのです。
問：男性のどの部分が条件に当てはまらないのですか？

30 正解 [D]

選択肢　A 九十元　　B 四十元　　C 五十元　　D 六十元
和　訳　A 90元　　B 40元　　C 50元　　D 60元

放送内容
女：您好，有什么可以帮您的?
男：我想交手机费。我的号码是13433997774。
女：您这个月的话费是三十元，上个月还有十元话费没交。
男：我没零钱，这儿只有一张一百的。
问：女的应该找男的多少钱?

和訳
女：いらっしゃいませ。どんなご用件でしょうか？
男：携帯電話の通話料を支払いたいです。私の番号は13433997774です。
女：お客様の今月の通話料は30元です。なお、先月分の通話料10元のお支払いがまだなされていないようです。
男：今、小銭はなく、100元札しかありません。
問：女性は男性におつりをいくら出すことになりますか？

31 正解 [A]

選択肢　A 还没结婚　　　　　　B 没有弟弟
　　　　C 没有父母　　　　　　D 没有朋友
和　訳　A まだ結婚していない　B 弟がいない
　　　　C 両親がいない　　　　D 友人がいない

放送内容
男：这么多年了，你怎么还是一个人?
女：唉，慢慢来吧。这种事急也没用。
男：你呀，就是要求太高。我听说大家没少给你介绍，你都没看上。
女：不是要求高，真的是没有合适的。
问：关于女的，可以知道什么?

和訳
男：何年もたったのに、君はまだ一人でいるのか？
女：はぁ(ため息)、焦らなくてもいいでしょう。急いでもしょうがないじゃない。
男：君は求める条件が高すぎるのだよ。みんな君に多くの人を紹介したのに、一人も気に入った人がいなかったらしいじゃないか？
女：条件が高すぎるのではなく、本当にふさわしい人がいないのよ。
問：女性について分かることは何ですか？

185

32 正解 [B]

選択肢　A 2:00　　B 2:30　　C 3:00　　D 3:30
和　訳　A 2:00　　B 2:30　　C 3:00　　D 3:30

放送内容
女：奇怪，现在才三点吗？咱们在这儿应该吃了有一个小时了吧？
男：我看看。我的表已经三点半了。
女：噢，是我的表停了。
男：正好对面就有修表的，咱们吃完饭就过去看看吧。
问：他们几点开始吃饭的？

和訳
女：おかしいわね、今やっと3時？　私たちここで食べてから1時間たったよね？
男：え！　僕の時計は、もう3時半だよ。
女：あれ？　私の時計、止まっている。
男：ちょうどここの向かいに修理屋さんがあるから、食べてからそこに行こう。
問：彼らは何時から食事を始めましたか？

33 正解 [A]

選択肢　A 加班　　　　　　　　B 回家
　　　　C 写小说　　　　　　　D 找经理
和　訳　A 残業している　　　　B 帰宅している
　　　　C 小説を書いている　　D マネジャーを探している

放送内容
男：下班了，咱们走吧。
女：走不了，我还有个计划书没写呢。
男：明天写不行吗？
女：经理让我明天早上就给他。你先走吧。
问：女的要干什么？

和訳
男：仕事が終わった。帰ろうか？
女：帰れないわ。まだ計画書を書きあげてないから。
男：明日にするのはダメなの？
女：明日の朝にマネジャーに渡さないといけないから、あなた先に帰ってよ。
問：女性は何をしなければなりませんか？

[34] 正解 [B]

選択肢　A　怕费电　　　　　　　　B　没有电
　　　　C　空调坏了　　　　　　　D　他们怕冷

和　訳　A　電気代が掛かるのが嫌だから　B　電気がないから
　　　　C　エアコンが壊れたから　　　　D　彼らは寒いのが嫌だから

放送内容
女：太热了，快把空调打开。
男：怎么回事? 打不开呀。
女：不会吧，昨天用着还好好的。
男：电视也打不开。我看看。噢，停电了。
问：他们为什么没开空调?

和訳
女：すごく暑いわ、早くエアコンをつけて。
男：あれ？　つかないよ。
女：まさか、昨日はちゃんと動いていたじゃない？
男：テレビもつかない。調べてみよう。おい！　停電だ。
問：どうしてエアコンがつかないのですか？

[35] 正解 [D]

選択肢　A　参加考试　　　　　　　B　检查身体
　　　　C　在银行取钱　　　　　　D　买完东西交钱

和　訳　A　試験を受けている
　　　　B　身体検査を受けている
　　　　C　銀行からお金を引き出している
　　　　D　商品購入後に料金を支払っている

放送内容
男：阿姨，您的密码不正确。
女：啊? 那我再试一次。这回呢?
男：还是不正确。您带的钱够吗?
女：我包里就一百多块钱了。这样吧，东西我先放这儿，我回去取完钱再过来。
问：女的在做什么?

和訳
男：お客様、パスワードが違うようです。
女：え？　じゃ、もう一回するわ。これでどう？
男：やはり違うようです。現金でお求めになりますか？
女：私のバッグには100元ちょっとしか入っていないのよ。では、こうしましょう。一度家に帰ってからお金を取って来るので、この商品をここでキープしていて。
問：女性は何をしていますか？

| 放送内容 | 第36到37题是根据下面一段话：
中国是自行车大国，中国生产自行车的数量和使用自行车的人数都是世界上最多的。不过，在北京、上海这样的大城市，由于公共交通发展较快，购买汽车的人越来越多，骑自行车的人数在逐渐减少。

| 和訳 | 問36～問37までは以下の話から出題されます。
中国は自転車大国です。中国での自転車生産数と自転車使用人数は世界で最も多いです。しかし、北京、上海のような大都市では、公共交通の発展が早いため、車を購入する人が増加しており、自転車に乗る人はしだいに減少しています。

36 正解 [C]

選択肢　A　农村　　　　　　　　B　小城市
　　　　C　大城市　　　　　　　D　西方国家

和　訳　A　農村　　　　　　　　B　小都市
　　　　C　大都市　　　　　　　D　欧米国家

| 放送内容 | 什么地方使用自行车的人数在减少？

| 和訳 | 自転車の使用人数が減少している地域はどこですか？

| 37 | 正 解 [D] |

選択肢　A　自行车太贵　　　　　　B　自行车不环保
　　　　C　公共交通变差　　　　　D　汽车越来越多

和　訳　A　自転車の値段が高すぎるから　B　自転車は環境に優しくないから
　　　　C　公共交通が悪くなったから　　D　車が増加しつつあるから

放送内容　使用自行车的人数为什么会减少？

和訳　どうして自転車の使用人数が減少しているのですか？

| 放送内容 | 第38到39题是根据下面一段话： 各位观众，大家晚上好，欢迎来到京剧院观看演出。由于今晚观众较多，请一到一百五十号观众从西门入场，一百五十一号到三百号观众从东门入场，三百零一到四百五十号观众从南门入场。谢谢大家。|

| 和訳 | 問38～問39までは以下の話から出題されます。 皆さま、こんばんは。京劇院にご来場いただき誠にありがとうございます。今晩のお客様は大勢ですので、1～150番のお客様は西門からご入場ください。151～300番のお客様は東門からご入場ください。300～450番のお客様は南門からご入場ください。ご協力ありがとうございます。|

38 正解 [C]

選択肢　A 医院　　　　　　　B 机场
　　　　C 京剧院　　　　　　D 电影院

和　訳　A 病院　　　　　　　B 空港
　　　　C 京劇院　　　　　　D 映画館

| 放送内容 | 这段话最可能在哪儿听到？|

| 和訳 | この話を聞いている場所はどこだと思われますか？|

| 39 | 正　解 [**A**] |

選択肢　A　西門　　　　　　　B　东门
　　　　C　南门　　　　　　　D　北门

和　訳　A　西門　　　　　　　B　東門
　　　　C　南門　　　　　　　D　北門

放送内容　一百四十号观众从哪里入场？

和訳　140番のお客様はどこから入場しますか？

|放送内容| 第40到41题是根据下面一段话：
我们的汉语学习小组一共七个人，三个英国人，两个日本人，两个法国人。我们每天放学后都会在一起学习一个小时，周末也会偶尔在一起。我觉得这个小组对我的帮助很大,特别是听和说两方面。现在我已经通过了四级考试，以后我还会继续参加这个小组的。

|和訳| 問40～問41までは以下の話から出題されます。
私たちの中国語学習グループは3人のイギリス人、2人の日本人、2人のフランス人の合計7人です。私たちは毎日授業が終わると一緒に1時間勉強し、週末も時折一緒に勉強しています。このグループでの学習は私にとって極めて有用で、特にリスニングとスピーキングの2つには効果的です。私は既にHSK4級を突破しましたが、今後もこのグループで勉強を継続するつもりです。

40 正解 [**B**]

選択肢　A 两个　　　　　　　　B 三个
　　　　C 四个　　　　　　　　D 七个

和　訳　A 2カ国　　　　　　　B 3カ国
　　　　C 4カ国　　　　　　　D 7カ国

|放送内容| 汉语小组的人从几个国家来?

|和訳| 中国語学習グループは何カ国の人から構成されていますか？

| 41 | 正 解 [B] |

選択肢　A　上课以前　　　　　B　放学以后
　　　　C　放假以后　　　　　D　每天早晨

和　訳　A　授業前　　　　　　B　授業後
　　　　C　休暇後　　　　　　D　毎日早朝

放送内容　汉语小组什么时候一起学习?

和訳　中国語学習グループはいつ一緒に勉強しますか？

> 放送内容 第42到43题是根据下面一段话：
> 秀真是我最好的朋友，我们都是韩国人，不过她比我早两年来中国。所以，2009年我来了以后，秀真在生活上给了我很多帮助，我非常感谢她。现在她回国工作了，我特别想她。
>
> 和訳 問42〜問43までは以下の話から出題されます。
> 秀真は私の親友で、私たちはともに韓国人ですが、彼女は私より2年早く中国に来ました。ですから、私が2009年に来中してから、私は生活面において秀真からたくさん助けてもらい、彼女にはとても感謝しております。今、彼女は帰国して仕事しています。彼女にとても会いたいです。

42 　正 解 [A]

選択肢　A　2007年　　　　　　　　B　2008年
　　　　C　2009年　　　　　　　　D　2011年

和　訳　A　2007年　　　　　　　　B　2008年
　　　　C　2009年　　　　　　　　D　2011年

> 放送内容 秀真是哪年来中国的？
>
> 和訳 秀真はいつ中国に来ましたか？

| 43 | 正 解 [C] |

選択肢　A　她有孩子了　　　　　　B　她是个学生
　　　　C　她已经工作了　　　　　D　她经常来看我

和　訳　A　彼女は子供がいる　　　B　彼女は学生だ
　　　　C　彼女は既に仕事をしている　D　彼女はよく私に会いに来る

放送内容　关于秀真，可以知道什么?

和訳　秀真について分かることは何ですか？

| 放送内容 | 第44到45题是根据下面一段话：
要毕业了，父母来参加我的毕业晚会。接到父母后，我们一起去找宾馆。我们找了好几家，都没有空房。服务员说，现在学校附近的宾馆房间都非常紧张。后来，我遇到一位老师，她说学校专门给家长准备了一些房间，父母终于有地方休息了。|
|---|---|
| 和訳 | 問44～問45までは以下の話から出題されます。
もうすぐ卒業なので、両親は私の卒業パーティーに参加するために来ました。両親と会ってから、私たちは一緒にホテルを探しました。私たちは数軒回ったのですが、どこも空室がありませんでした。ホテルの従業員は、今学校近くのホテルはどこも混んでいると言いました。その後、私はある先生と会いました。先生は学校が学生の家族のために部屋を用意している、と言うので、私の両親はそこでやっと休むことができました。|

44　正解 [D]

選択肢　A　宾馆太少了　　　　　　B　房价太贵了
　　　　C　不熟悉环境　　　　　　D　住宾馆的人多

和　訳　A　ホテルが少なすぎるから　　　B　ホテル代が高すぎるから
　　　　C　周りのことがよく知らないから　D　ホテルに泊まる人が多すぎるから

放送内容	他们为什么找不到宾馆住？
和訳	彼らはどうしてホテルに泊まることができなかったのですか？

| 45 | 正　解 [B] |

選択肢　A　火车站　　　B　学校里　　　C　亲戚家　　　D　自己家
和　訳　A　駅　　　　　B　学校の中　　C　親戚の家　　D　自分の家

放送内容　最后，父母住在哪儿了？

和訳　最終的に両親はどこに泊まりましたか？

放送内容　**听力考试现在结束。**

和訳　**聴解試験はこれで終了です。**

解答用紙 4 級　　第 1 回

1. [✓] [✗]
2. [✓] [✗]
3. [✓] [✗]
4. [✓] [✗]
5. [✓] [✗]
6. [✓] [✗]
7. [✓] [✗]
8. [✓] [✗]
9. [✓] [✗]
10. [✓] [✗]
11. [A] [B] [C] [D]
12. [A] [B] [C] [D]
13. [A] [B] [C] [D]
14. [A] [B] [C] [D]
15. [A] [B] [C] [D]
16. [A] [B] [C] [D]
17. [A] [B] [C] [D]
18. [A] [B] [C] [D]
19. [A] [B] [C] [D]
20. [A] [B] [C] [D]
21. [A] [B] [C] [D]
22. [A] [B] [C] [D]
23. [A] [B] [C] [D]
24. [A] [B] [C] [D]
25. [A] [B] [C] [D]

26. [A] [B] [C] [D]
27. [A] [B] [C] [D]
28. [A] [B] [C] [D]
29. [A] [B] [C] [D]
30. [A] [B] [C] [D]
31. [A] [B] [C] [D]
32. [A] [B] [C] [D]
33. [A] [B] [C] [D]
34. [A] [B] [C] [D]
35. [A] [B] [C] [D]
36. [A] [B] [C] [D]
37. [A] [B] [C] [D]
38. [A] [B] [C] [D]
39. [A] [B] [C] [D]
40. [A] [B] [C] [D]
41. [A] [B] [C] [D]
42. [A] [B] [C] [D]
43. [A] [B] [C] [D]
44. [A] [B] [C] [D]
45. [A] [B] [C] [D]

解答用紙 4 級　　第 2 回

1. [✔] [✘]
2. [✔] [✘]
3. [✔] [✘]
4. [✔] [✘]
5. [✔] [✘]
6. [✔] [✘]
7. [✔] [✘]
8. [✔] [✘]
9. [✔] [✘]
10. [✔] [✘]
11. [A] [B] [C] [D]
12. [A] [B] [C] [D]
13. [A] [B] [C] [D]
14. [A] [B] [C] [D]
15. [A] [B] [C] [D]
16. [A] [B] [C] [D]
17. [A] [B] [C] [D]
18. [A] [B] [C] [D]
19. [A] [B] [C] [D]
20. [A] [B] [C] [D]
21. [A] [B] [C] [D]
22. [A] [B] [C] [D]
23. [A] [B] [C] [D]
24. [A] [B] [C] [D]
25. [A] [B] [C] [D]

26. [A] [B] [C] [D]
27. [A] [B] [C] [D]
28. [A] [B] [C] [D]
29. [A] [B] [C] [D]
30. [A] [B] [C] [D]
31. [A] [B] [C] [D]
32. [A] [B] [C] [D]
33. [A] [B] [C] [D]
34. [A] [B] [C] [D]
35. [A] [B] [C] [D]
36. [A] [B] [C] [D]
37. [A] [B] [C] [D]
38. [A] [B] [C] [D]
39. [A] [B] [C] [D]
40. [A] [B] [C] [D]
41. [A] [B] [C] [D]
42. [A] [B] [C] [D]
43. [A] [B] [C] [D]
44. [A] [B] [C] [D]
45. [A] [B] [C] [D]

解答用紙 4 級　　第 3 回

1. [✔] [✘]
2. [✔] [✘]
3. [✔] [✘]
4. [✔] [✘]
5. [✔] [✘]
6. [✔] [✘]
7. [✔] [✘]
8. [✔] [✘]
9. [✔] [✘]
10. [✔] [✘]
11. [A] [B] [C] [D]
12. [A] [B] [C] [D]
13. [A] [B] [C] [D]
14. [A] [B] [C] [D]
15. [A] [B] [C] [D]
16. [A] [B] [C] [D]
17. [A] [B] [C] [D]
18. [A] [B] [C] [D]
19. [A] [B] [C] [D]
20. [A] [B] [C] [D]
21. [A] [B] [C] [D]
22. [A] [B] [C] [D]
23. [A] [B] [C] [D]
24. [A] [B] [C] [D]
25. [A] [B] [C] [D]

26. [A] [B] [C] [D]
27. [A] [B] [C] [D]
28. [A] [B] [C] [D]
29. [A] [B] [C] [D]
30. [A] [B] [C] [D]
31. [A] [B] [C] [D]
32. [A] [B] [C] [D]
33. [A] [B] [C] [D]
34. [A] [B] [C] [D]
35. [A] [B] [C] [D]
36. [A] [B] [C] [D]
37. [A] [B] [C] [D]
38. [A] [B] [C] [D]
39. [A] [B] [C] [D]
40. [A] [B] [C] [D]
41. [A] [B] [C] [D]
42. [A] [B] [C] [D]
43. [A] [B] [C] [D]
44. [A] [B] [C] [D]
45. [A] [B] [C] [D]

解答用紙 4 級　　第 4 回

1. [✓] [✗]
2. [✓] [✗]
3. [✓] [✗]
4. [✓] [✗]
5. [✓] [✗]
6. [✓] [✗]
7. [✓] [✗]
8. [✓] [✗]
9. [✓] [✗]
10. [✓] [✗]
11. [A] [B] [C] [D]
12. [A] [B] [C] [D]
13. [A] [B] [C] [D]
14. [A] [B] [C] [D]
15. [A] [B] [C] [D]
16. [A] [B] [C] [D]
17. [A] [B] [C] [D]
18. [A] [B] [C] [D]
19. [A] [B] [C] [D]
20. [A] [B] [C] [D]
21. [A] [B] [C] [D]
22. [A] [B] [C] [D]
23. [A] [B] [C] [D]
24. [A] [B] [C] [D]
25. [A] [B] [C] [D]

26. [A] [B] [C] [D]
27. [A] [B] [C] [D]
28. [A] [B] [C] [D]
29. [A] [B] [C] [D]
30. [A] [B] [C] [D]
31. [A] [B] [C] [D]
32. [A] [B] [C] [D]
33. [A] [B] [C] [D]
34. [A] [B] [C] [D]
35. [A] [B] [C] [D]
36. [A] [B] [C] [D]
37. [A] [B] [C] [D]
38. [A] [B] [C] [D]
39. [A] [B] [C] [D]
40. [A] [B] [C] [D]
41. [A] [B] [C] [D]
42. [A] [B] [C] [D]
43. [A] [B] [C] [D]
44. [A] [B] [C] [D]
45. [A] [B] [C] [D]

解答用紙 4 級　　第 5 回

1. [✔] [✘]
2. [✔] [✘]
3. [✔] [✘]
4. [✔] [✘]
5. [✔] [✘]
6. [✔] [✘]
7. [✔] [✘]
8. [✔] [✘]
9. [✔] [✘]
10. [✔] [✘]
11. [A] [B] [C] [D]
12. [A] [B] [C] [D]
13. [A] [B] [C] [D]
14. [A] [B] [C] [D]
15. [A] [B] [C] [D]
16. [A] [B] [C] [D]
17. [A] [B] [C] [D]
18. [A] [B] [C] [D]
19. [A] [B] [C] [D]
20. [A] [B] [C] [D]
21. [A] [B] [C] [D]
22. [A] [B] [C] [D]
23. [A] [B] [C] [D]
24. [A] [B] [C] [D]
25. [A] [B] [C] [D]

26. [A] [B] [C] [D]
27. [A] [B] [C] [D]
28. [A] [B] [C] [D]
29. [A] [B] [C] [D]
30. [A] [B] [C] [D]
31. [A] [B] [C] [D]
32. [A] [B] [C] [D]
33. [A] [B] [C] [D]
34. [A] [B] [C] [D]
35. [A] [B] [C] [D]
36. [A] [B] [C] [D]
37. [A] [B] [C] [D]
38. [A] [B] [C] [D]
39. [A] [B] [C] [D]
40. [A] [B] [C] [D]
41. [A] [B] [C] [D]
42. [A] [B] [C] [D]
43. [A] [B] [C] [D]
44. [A] [B] [C] [D]
45. [A] [B] [C] [D]

耳を鍛えて合格！
HSK 4級リスニングドリル
2015年3月20日　第1刷発行

編　者　李増吉
発行者　前田俊秀
発行所　株式会社 三修社
　　　　〒150-0001　東京都渋谷区神宮前2-2-22
　　　　TEL03-3405-4511　FAX03-3405-4522
　　　　http://www.sanshusha.co.jp
　　　　振替 00190-9-7275
　　　　編集担当　安田美佳子
印　刷　壮光舎印刷株式会社
CD製作　株式会社メディアスタイリスト

©2015 Printed in Japan
ISBN978-4-384-05769-0 C1087

Ⓡ＜日本複製権センター委託出版物＞
本書を無断で複写複製（コピー）することは、著作権法上の例外を除き、禁じられています。
本書をコピーされる場合は、事前に日本複製権センター（JRRC）の許諾を受けてください。
JRRC http://www.jrrc.or.jp
eメール：info@jrrc.or.jp
電話：03-3401-2382

本文・カバーデザイン：(有) ウィッチクラフト
翻訳：(株) ファイネックス